EinFach
Deutsch

Fred von Hoerschelmann

Das Schiff Esperanza

Hörspiel

Erarbeitet und mit Anmerkungen
versehen von Franz Waldherr

Herausgegeben von
Johannes Diekhans

Bildnachweis

|ullstein bild, Berlin: ullstein bild 55.

Wir arbeiten sehr sorgfältig daran, für alle verwendeten Abbildungen die Rechteinhaberinnen und Rechteinhaber zu ermitteln. Sollte uns dies im Einzelfall nicht vollständig gelungen sein, werden berechtigte Ansprüche selbstverständlich im Rahmen der üblichen Vereinbarungen abgegolten.

westermann GRUPPE

© 2000 Ferdinand Schöningh, Paderborn

© ab 2004 Bildungshaus Schulbuchverlage
Westermann Schroedel Diesterweg Schöningh Winklers GmbH, Braunschweig
www.westermann.de

Das Werk und seine Teile sind urheberrechtlich geschützt.
Jede Nutzung in anderen als den gesetzlich zugelassenen bzw. vertraglich zugestandenen Fällen bedarf der vorherigen schriftlichen Einwilligung des Verlages. Nähere Informationen zur vertraglich gestatteten Anzahl von Kopien finden Sie auf www.schulbuchkopie.de.
Für Verweise (Links) auf Internet-Adressen gilt folgender Haftungshinweis: Trotz sorgfältiger inhaltlicher Kontrolle wird die Haftung für die Inhalte der externen Seiten ausgeschlossen. Für den Inhalt dieser externen Seiten sind ausschließlich deren Betreiber verantwortlich. Sollten Sie daher auf kostenpflichtige, illegale oder anstößige Inhalte treffen, so bedauern wir dies ausdrücklich und bitten Sie, uns umgehend per E-Mail davon in Kenntnis zu setzen, damit beim Nachdruck der Verweis gelöscht wird.

Druck A^{18} / Jahr 2020
Alle Drucke der Serie A sind im Unterricht parallel verwendbar.

Umschlaggestaltung: Jennifer Kirchhof
Druck und Bindung: Westermann Druck GmbH, Braunschweig

ISBN 978-3-14-**022309**-6

Fred von Hoerschelmann:
Das Schiff Esperanza

Text	4
Anhang	52
1. „‚Esperanza' heißt Hoffnung" –	
Das Hörspiel und sein Autor	52
Gottfried Just: Zeitgenosse mit Tarnkappe	53
Marcel Reich-Ranicki: Ein Pionier des Hörspiels	55
2. „Wie ein Film im Kopf" – Merkmale des Hörspiels	57
Heinrich Pleticha: Hörspiel	57
Merkmale eines Hörspiels – eine Übersicht	60
3. „Wer schweigt, ist nicht da" – Vorschläge zur	
Produktion eines eigenen Hörspiels	61
Sprechausdruck	63
Produktion einer Szene	64
Geräuschewerkstatt	65

Die Stimmen

Grove, Kapitän der Esperanza
Axel Grove
Bengtsen, Erster Steuermann
Krucha, Maat
Podbiak
Matrosen
Megerlin
Edna
Der Wirt Sorriso
Ein Mann im Heuerbüro
Ein Mann im Boot

(Zimmer. Eine Schreibmaschine tickt. Von draußen gelegentlich das Tuten der Hafenschlepper)

MANN: Name?
AXEL: Axel Grove.
MANN: Alter?
AXEL: Dreiundzwanzig.
MANN: Sie suchen eine Heuer[1] als –?
AXEL: Leichtmatrose.
MANN *(blättert)*: Sie sind auch als Heizer gefahren?
AXEL: Ja. Auf der „Batavia".
MANN: Wenn Sie drei Wochen warten –
AXEL: Das ist lange.
MANN: – könnten Sie auf die „Aurora" gehen. Belgisches Schiff. Liegt gerade auf Dock. Als Heizer –
AXEL: Drei Wochen ...
MANN: ... oder eigentlich als Aschenmann. Ich würde Ihnen raten, auf die „Aurora" zu warten. Sonst ist da nämlich nichts für Sie. Allenfalls die „Esperanza".
AXEL: Spanien?
MANN: Panama.
AXEL: O je!
MANN: Dafür geht die heute Nacht in See. Stückgut nach Wilmington, USA. Sucht einen Leichtmatrosen. Sofort.
AXEL: Das ist mein Schiff. Panama? Egal!
MANN: Hier unterschreiben. Aber an Ihrer Stelle würde ich –
AXEL: Geben Sie her!

(Federkratzen)

MANN: ... würde ich auf die „Aurora" warten.
AXEL *(liest)*: Esperanza ... Kapitän Grove ... Was? *(liest nochmals)*: Kapitän Grove. Das ist mein Name ...
MANN: Kennen Sie Kapitän Grove? Ein Verwandter von Ihnen?
AXEL *(aufgeschreckt)*: Was sagen Sie?
MANN: Ob Sie mit dem Kapitän verwandt sind?

---

[1] Arbeitsvertrag von Seeleuten

AXEL: Wahrscheinlich nicht. Ich weiß nicht. Aber möglich ... möglich wäre es schon. Es gab einen Korvettenkapitän[1] Grove. Das war mein Vater. Ich habe seit dreizehn Jahren nichts mehr von ihm gehört. Erst kam der Krieg. Dann ging alles bei uns kaputt. Dreizehn Jahre ... Ich habe immer gedacht, er lebt nicht mehr.
MANN: Es gibt viele Leute, die Grove heißen.
AXEL: Aber merkwürdig ist es schon.
MANN: Übrigens, was ich vorhin von der „Esperanza" gesagt habe –
AXEL: Ja, was sagten Sie doch?
MANN: Nichts. Jedenfalls nichts Nachteiliges. Ein altes Schiff, sehr alt sogar, und etwas verbaut. Sie hat schon einen krummen Rücken bekommen ... Wissen Sie ... wenn über so ein Schiff die Jahre hinübergestrichen sind und die Stürme ... Das ist wie bei einer Katze, die macht auch einen krummen Buckel, wenn man ihr über den Rücken streicht ... Bei einem Schiff sieht das vielleicht etwas komisch aus, zugegeben, aber –
AXEL: Wenn es wirklich mein Vater ist, der die „Esperanza" fährt, – dann ist sie ein prima Schiff.
MANN: Natürlich.
AXEL: Ich gehe gleich hin. Dann werde ich ja sehen –
MANN: Die „Esperanza" ladet noch. Der Kapitän ist nicht an Bord. Es genügt, wenn Sie abends hingehen.
AXEL: Gut. Am Abend also. Dann werd ich vorher noch irgendwo was essen.

(Akustikwechsel. Elektrisches Klavier. Es wird mit einer Münze auf den Teller gepocht)

Zahlen!

(Elektrisches Klavier verstummt)

SORRISO: Bitte, der Herr?
AXEL: Ich möchte zahlen.
SORRISO: Sofort. Eine Suppe – einmal Bouletten – bitte sehr. – Danke sehr. Was ich noch sagen wollte ...

---

[1] Kapitän eines kleinen Kriegsschiffes

Wenn Sie jeden Tag bei mir essen würden, wäre es billiger. Im Abonnement –
AXEL: Ich bleibe nicht länger. Morgen früh bin ich auf See.
SORRISO: Ja dann ...
AXEL: Ich habe endlich eine Heuer. Auf der „Esperanza". Und morgen bin ich längst –
SORRISO: Wie sagten Sie? Was für ein Schiff?
AXEL: Esperanza.
SORRISO *(gleichmütig):* Nun, dann gute Reise.
AXEL: Kennen Sie das Schiff?
SORRISO: Wieso? Nein. Nie gehört. Und die fährt also heute Nacht?
AXEL: Oder kennen Sie zufällig den Kapitän? Grove heißt er.
SORRISO: Nein. Auch nicht. Kapitäne kommen nicht zu mir. Matrosen kommen. Aber auch meist erst gegen Abend. Dann ist bei mir Betrieb. Aber dann sind Sie schon fort, was? Heute Nacht, sagten Sie?
AXEL: Heute Nacht, ja.

(Ein dumpfes Klopfen)

SORRISO: Gute Reise, nochmals.
AXEL: Irgendwo klopft es hier ... Scheint von oben zu kommen ...
SORRISO: Ein Gast will seinen Kaffee ...

(Elektrisches Klavier übertönt Sorrisos Worte)

Gute Reise ... Und wenn Sie wieder mal hier sind ...

(Elektrisches Klavier leiser. Entfernt. Eine Tür wird geöffnet)

He, Sie, Herr ...
MEGERLIN: O Gott ...! Was ist ...?
SORRISO: Ich hab's Ihnen doch gesagt: Sie dürfen nicht so klopfen.
MEGERLIN: Ich will die Zeitung.
SORRISO: Wozu? Es steht längst nichts mehr drin über Ihre Sache.
MEGERLIN: Was wissen Sie von meiner Sache?

SORRISO: Nichts. Nur, dass es eine ganz kleine, gewöhnliche Sache gewesen ist. Wäre es nämlich eine große Sache gewesen, würde ich es wissen.

MEGERLIN: Sie können mir trotzdem die Zeitung bringen. Zehn Tage lang habe ich nichts anderes gemacht, als dass ich in diesem Zimmer auf und ab gegangen bin und die braunen Butterblumen an der Tapete gezählt habe. Oder sagt man hier „Löwenzahn"?

SORRISO: Ich habe was für Sie. Eben erfahren.

MEGERLIN: Was?

SORRISO: Heute Nacht fährt Ihr Schiff.

MEGERLIN: Bestimmt?

SORRISO: So gegen zehn führe ich Sie zur alten Mole. Da sind noch ein paar andere. Von dort werden Sie dann aufs Schiff gebracht.

MEGERLIN: Was für ein Schiff?

SORRISO: Sie steigen nachts an Bord. Sie bleiben vierzehn Tage unter Deck. Sie werden nachts an Land gebracht. Dazu brauchen Sie nicht zu wissen, wie das Schiff heißt.

MEGERLIN: Alles nachts. Alles im Dunkeln.

SORRISO: Das ist nun mal so. Und wenn Sie angekommen sind, dann schicken Sie mir bitte eine Ansichtskarte von der Freiheitsstatue. Aber Sie werden es vergessen.

MEGERLIN: Wenn Ihnen daran gelegen ist? Warum soll ich es vergessen?

SORRISO: Ich hab schon mehreren zur Überfahrt verholfen. Alle haben mir versprochen zu schreiben. Aber wenn sie erst drüben sind, denken sie nicht mehr daran. Nicht einer!

(Akustikwechsel. Starker Hafenlärm. Rasseln von Kränen, Pfeifen der Schlepper, Quietschen der Blöcke. Rasseln ganz nah. Poltern)

BENGTSEN: Könnt ihr nicht aufpassen! Das sind Weinfässer, keine Ziegelsteine!

(Rasseln und Quietschen. Stimmen)

(Ruft) Halt, halt, halt! Was wollen Sie?

AXEL: Ist das die Esperanza?
BENGTSEN: Können Sie nicht lesen? Steht ja da. Was wollen Sie?
AXEL: Ist Kapitän Grove an Bord?
BENGTSEN: Nein.
AXEL: Wann wird er kommen?
BENGTSEN: Kurz bevor wir loswerfen.
AXEL: Wann wird das sein?
BENGTSEN: Wollen Sie hier was abgeben, oder –
AXEL: Ich habe für die Esperanza angemustert.
BENGTSEN: Was, Sie?
AXEL: Das Heuerbüro schickt mich.
BENGTSEN: Ach so, warum sagen Sie das nicht gleich. Kommen Sie rauf. Woher?
AXEL: Aus dem Krankenhaus. Ich hatte einen gebrochenen Arm.
BENGTSEN: Aber jetzt sind Sie gesund?
AXEL: Ja.
BENGTSEN: Abgemustert von –?
AXEL: Vom holländischen Dampfer Petra.
BENGTSEN: Leichtmatrose?
AXEL: Ja.
BENGTSEN: Also, gehen Sie nach vorn ins Quartier. Der Maat sagt Ihnen alles Weitere.
AXEL: Herr –
BENGTSEN: Ich bin Bengtsen, der Erste Steuermann.
AXEL: Herr Bengtsen, ich wollte Sie noch etwas fragen. Die Esperanza fährt doch unter Kapitän Grove?
BENGTSEN: Was haben Sie immer mit dem Kapitän? Ich sagte Ihnen schon, der Kapitän ist nicht an Bord.
AXEL: Ich heiße Axel Grove.
BENGTSEN: Sind Sie verwandt mit dem Kapitän?
AXEL: Möglicherweise ... es könnte sein. Ich habe meinen Vater seit dreizehn Jahren nicht gesehen. Er war damals Marineoffizier.
BENGTSEN: Ihren Vater, sagen Sie?
AXEL: Ja.
BENGTSEN: Das kann nicht stimmen. Kapitän Grove hat überhaupt keine Angehörigen.
AXEL: Wissen Sie das genau?

BENGTSEN: Ganz genau. Und jetzt gehen Sie und fragen Sie nach dem Maat Krucha. Oder, – Moment mal –
AXEL: Ja, bitte?
BENGTSEN: Dann sind Sie also nur deswegen zu uns gekommen, weil der Kapitän der Esperanza Grove heißt?
AXEL: Ich las den Namen auf dem Schein.
BENGTSEN: Sonst hätten Sie auf einem anderen Schiff angeheuert?
AXEL: Auf der Aurora vielleicht, – die liegt aber noch drei Wochen auf Dock.
BENGTSEN: Und jetzt, wo Sie wissen, dass der Kapitän nichts mit Ihnen zu tun hat, da haben Sie ja eigentlich keinen Grund, gerade auf der Esperanza zu bleiben. Wenn ich Ihnen einen Abschlag zahle, für die drei Wochen, können Sie auf die Aurora warten, was? Dann –
(ein starkes Rasseln übertönt die letzten Worte)
AXEL: Ich habe nicht verstanden, Herr Bengtsen, was sagten Sie eben?
BENGTSEN: Nichts Besonderes. Ist ja auch Unsinn. Sie können bleiben. Und wenn Sie morgen den Kapitän gesehen haben, dann werden Sie sich selbst überzeugen. Sie haben sich unnütze Hoffnungen gemacht. Krucha!
KRUCHA *(entfernt)*: Herr Bengtsen?
BENGTSEN: Nehmen Sie den Neuen mit nach vorn. *(Murmelt)*: Denkt sich das so ... Groves gibt es Tausende. Muss ja ein Unsinn sein. Der hat doch gar keinen Sohn ...

(Rasseln, dann Schritte)

AXEL: Wann kommt der Kapitän an Bord?
KRUCHA: Überhaupt nicht.
AXEL: Was heißt das?
KRUCHA: Der kann nicht an Bord kommen, weil er an Bord ist.
AXEL: Aber der Erste sagte vorhin –
KRUCHA: Und war stinkbesoffen. Seit Mittag.
AXEL: Was?
KRUCHA: Jawohl. Stinkbesoffen. Das ist immer so. Wenn wir hier abfahren, trinkt er bis zum nächsten Morgen.

AXEL: Kapitän Grove?
KRUCHA: Jawohl. Der Kapitän. Dann muss ihn der Erste immer vertreten.
AXEL: Na ja, dann also morgen. Die eine Nacht werde ich wohl noch warten können. Um zu sehen, dass er es gar nicht ist.
KRUCHA: Vor der Abfahrt säuft er nämlich immer, der alte Deibel[1].

(Akustikwechsel. Schritte hin und her)

GROVE *(flüstert den Text eines albernen Liedes):*
„Es schwimmt eine schwarze Kiste
Im Abendsonnenschein – hohee –
Es schwimmt eine schwarze Kiste
Auf der rollenden, rollenden See.
Auf der rollenden

(Klopfen)

… rollenden …

(Tür wird geöffnet)

BENGTSEN: Herr Kapitän –
GROVE: Wie stehen Sie da? Melden!
BENGTSEN: Die Esperanza ist kein Torpedoboot, Herr Kapitän, und wir haben keinen Krieg mehr.
GROVE: Scheint so. Leider. Ist gut, dass Sie kommen, Bengtsen, wir gehen morgen auf Dock, da wird der ganze Dreck von der Esperanza heruntergekratzt, bis aufs blanke Eisen.
BENGTSEN: O Gott, Kapitän, wir werfen gleich los.
GROVE: Bis aufs blanke Eisen. Und dann wird sie schneeweiß gestrichen, wie ein Bananenschiff, wie eine Braut, das unschuldigste Weiß, das es gibt.
BENGTSEN: Herr Kapitän, da ist eben der neue Leichtmatrose an Bord gekommen –
GROVE: Stören Sie mich nicht, Bengtsen. Bis morgen Mittag darf mich keiner stören. Nicht zu sprechen.
BENGTSEN: Er heißt Axel Grove, er sagt, dass er vielleicht –

---

[1] Teufel

GROVE: Schneeweiß, wie wird das aussehen? Wenn schon Zivil, dann auch ganz üppig – – wie sagten Sie?
BENGTSEN: Axel Grove, der neue Leichtmatrose.
GROVE: Leichtmatrose ...! Axelchen ist ein zehnjähriger Junge, aber kein Leichtmatrose ... Komische Ideen haben Sie, Bengtsen ... Außerdem werde ich jetzt schlafen. Und du, Axelchen, geh mal weg, du hast hier nichts zu suchen ... Auf der rollenden ... rollenden See ...
BENGTSEN: Hol's die Pest ... er scheint wirklich einen Sohn zu haben.
GROVE: Verschwinde ... Steh hier nicht unnütz herum. Im Abendsonnenschein. Und Sie, Bengtsen, wie gesagt, schneeweiß ... Und das Übrige *(drohend)* das erledigen Sie, verstanden, das geht mich nichts an, ich schlafe jetzt.

(Akustikwechsel. Rauschen. Leises Arbeiten der Maschinen. Ein Mann summt vor sich hin. Unterbricht das Summen, sagt)

MATROSE: He, Neuer. Vorhin auf deiner Koje ... da hast du dich immerzu drauf herumgedreht, – und mir fällt jedes Mal der Dreck aus deiner Matratze ins Gesicht.
AXEL: Das hab ich nicht gewusst.
MATROSE: Ich wollte es dir nur sagen.
AXEL: Ich konnte nicht schlafen.
MATROSE: Das muss man immer können.
AXEL: Und dann ist mitten in der Nacht noch jemand an Bord gekommen. Das Schiff stoppte, und das Fallreep[1] ging herunter.
MATROSE: Man muss immer schlafen können.
AXEL: Wer mag das gewesen sein? Der Lotse war schon vorher von Bord gegangen. Aber diesmal waren das Schritte, eine Menge Schritte, mindestens zehn Mann, oder so. Es hatte offenbar nur auf diese Leute gewartet. Wer ist das gewesen?
MATROSE: Du kannst ja ein Zeitungspapier nehmen.
AXEL: Was kann ich?

---

[1] von der Reling herablassbare Schiffstreppe

MATROSE: Und das Zeitungspapier unter die Matratze legen. Damit sie nicht streut.
AXEL: Ja ... das kann ich natürlich, aber –
(Der Matrose summt wieder vor sich hin.
Das Meer rauscht stärker)
MATROSE *(unterbricht das Summen und sagt vor sich hin):* In wie viel Tagen wird er's schaffen bis Wilmington ...? Wenn wir keinen Maschinenschaden haben, – aber wir haben manchmal Maschinenschaden ... – dann wird er es, denk ich, in zwölf Tagen schaffen ...

(Ausblenden. Akustikwechsel. Tief unten im Schiff.
Hall. Ein unaufhörliches leises Dröhnen)

MEGERLIN: *(seufzt schwer).*
EDNA: Was fehlt Ihnen denn?
MEGERLIN: Ich habe Kopfschmerzen. Außerdem fürchte ich mich. Wo sind wir jetzt? Sind wir schon auf dem offenen Meere?
EDNA: Sie sollten versuchen zu schlafen.
MEGERLIN: Schlafen! Hier! Ich bin im Hotelzimmer hin und her gegangen wie eine Ratte im Käfig. Ich habe die Butterblumen auf der Tapete gezählt, ich habe gewartet und gewartet, wann kann ich denn endlich aufs Schiff, dachte ich. Aber jetzt! Warum müssen wir hier unten sitzen? Zwischen eisernen Wänden? Mit nichts, kaum einer Lampe, und ein paar Kisten, wir können doch nicht wochenlang hier herumsitzen, was ist das für ein Schiff?
EDNA: Irgendwann werden wir ja ankommen.
MEGERLIN: Ja, Fräulein, das werden wir. Und dann? Ich kann nur sehr wenig Englisch. Und alles ist drüben ganz anders als bei uns, hat man mir gesagt. Und man darf nur nicht auffallen! Eine bestimmte Zeit tragen alle Leute Strohhüte, und eine bestimmte Zeit tragen sie Filzhüte, alle immer die gleichen. Wenn man anders aussieht, fällt man sofort auf. Und die Eisenbahnzüge haben Namen. Und die Autobusse sollen tagelang, tagelang unterwegs sein. Wie werde ich mich da zurechtfinden?
EDNA: Wer hat Ihnen das alles erzählt? Mein Vater?

MEGERLIN: Ist das Ihr Vater? Der Herr da hinten, die sitzen unter der Lampe und spielen Karten.

(Stimmen der Kartenspieler. Gedämpft. „Drei Asse", „... Full Hand ...")

EDNA: Mein Stiefvater. Ich würde Ihnen übrigens raten, nicht mitzuspielen.

MEGERLIN: Ich spiele nie Karten. Aber ich möchte wissen ...

EDNA: Was möchten Sie wissen?

MEGERLIN: Wie es oben ist ... Wie das Meer aussieht ...

EDNA: Versuchen Sie zu schlafen!

MEGERLIN: Aber man hat uns hier eingeschlossen ... Warum? Warum? ...

(Ausblenden, Akustikwechsel. Wind. Rauschen. Schrei einer Möwe. Schiffsglocke zwei Schläge, langsam einblenden)

GROVE: Hast du mich überhaupt gleich erkannt?

AXEL: Wie soll ich sagen –?

GROVE: Ich habe dich gleich erkannt. *(Lacht)* Axelchen ...

AXEL: Du warst viel jünger damals. Und die Uniform. Großartig siehst du aus. Ich hatte immer ein bisschen Angst vor dir.

GROVE: Na ja. Jetzt brauchst du keine Angst mehr zu haben.

AXEL: Wann haben wir uns zum letzten Mal gesehen? Anfang des Krieges muss es gewesen sein. Aber ich erinnere mich nicht daran.

GROVE: Ja, damals kam ich ganz kurz nach Hause.

AXEL: Aber an das vorletzte Mal erinnere ich mich sehr genau. Wie ich den ganzen Sommer lang auf dich wartete, bis es Herbst wurde. In unserem Garten.

GROVE: Wann war das?

AXEL: Das war der Sommer 37[1]. Am Anfang roch der Garten nach Jasmin, dann nach Reseda, und dann nur noch nach Regen und Astern, so ein bitterer Geruch.

GROVE: Im Sommer 37 bin ich gar nicht nach Hause gekommen.

---
[1] Sommer des Jahres 1937

AXEL: Richtig. Wir erwarteten dich vergeblich. Du kamst gar nicht. Du hattest plötzlich eine weite Reise machen müssen, du warst ins Ausland abkommandiert, oder so ...
GROVE: Ja. Und jetzt? Unser altes Land ist tot. Unser Leben ist eine Wüste geworden. Aber wir haben uns doch getroffen, mitten in der Wüste. Das ist ein Wunder. Du siehst meinen Namen, in irgendeinem fremden Hafen, in irgendeinem Heuerbüro ...
AXEL: Ich dachte vorher, das würde meine letzte Heuer sein. Es ist kein rechter Beruf für mich.
GROVE: Unsinn. Warum?
AXEL: Ich habe nichts gelernt. Die Steuermannsprüfung kann ich niemals machen, und immer Matrose bleiben, und dann vielleicht einmal Obermaat[1] –
GROVE: Das kommt jetzt ganz anders. Du musst anfangen zu lernen. Mir geht es nämlich gut. Ich habe einen Anteil an diesem Schiff, und Geld ist auch da.
AXEL: Ich weiß nicht ... Ich bin eigentlich nur deshalb Seemann geworden, weil mir das irgendwie großartig vorkam. Ich dachte wohl auch an dich dabei. Aber ich sollte mich lieber irgendwo einrichten, ein kleines Geschäft oder so ...
GROVE: Du bist ja verrückt! Kleines Geschäft! Willst du Zigarren verkaufen, zu einem Cent das Stück? Oder wie dachtest du dir das?
AXEL: Warum nicht Zigarren?
GROVE *(etwas ärgerlich):* Du bist als Junge eben auch schon ein bisschen ... bisschen zu bescheiden gewesen ... Ich dachte, das wäre vergangen. Du bist ein starker Kerl, Herrgott, wenn ich noch so jung wäre, – das wäre was! Da würde ich nicht so ein Gesicht wie saurer Rahm machen, hast du das nötig?
AXEL: Weißt du, es ist mir alles ziemlich gleichgültig.
GROVE: Was? Mit dreiundzwanzig Jahren?
AXEL: Diese ganze Zeit, seit wir uns nicht mehr gesehen haben ... Krieg und Hunger und immer auf der Flucht und Lager und Hunger vor allem, und das alles ... Mir

---
[1] Unteroffizier der Marine

sagte einmal einer, „hätte ich das gewusst, bevor ich zur Welt kam, – ich wäre lieber dringeblieben".

GROVE: So ein Schlappschwanz. Nun bist du da, nun sollst du dich auch behaupten, hab mal ein bisschen Mut! Junge! Du wirst sehen, von jetzt an wird das alles ganz anders.

AXEL: Ja ... vielleicht ...

GROVE: Es gefällt mir nicht besonders, dass du mit der Mannschaft zusammen wohnst und isst und so ...

AXEL: Ich bin ganz gewöhnlicher Matrose.

GROVE: Ja. Und das will ich auch nicht ändern. Nur brauchst du dich mit diesen Leuten nicht zu sehr einzulassen. Offen gesagt, wir haben eine ziemlich üble Bagage[1] an Bord. So was wie dieser Podbiak zum Beispiel, oder der Maat Krucha, und die andern sind auch nicht besser, – also, da halte dich ein bisschen abseits, ja? Du hast deinen Dienst – und wenn du frei bist, kannst du jederzeit herkommen.

AXEL: Wenn du gerade vom Dienst sprichst ... ich muss eigentlich zum Deckschrubben.

GROVE: Musst du? Ja, gut. Geh. Ich werde dich nicht abhalten. Und du brauchst auch nicht so zu tun, als wäre das keine Arbeit für dich.

AXEL: Ich geh schon.

GROVE: Wart mal einen Augenblick. Komm her. Großartig, sagtest du vorhin, als du über mich sprachst, wie ich damals gewesen bin. Nun, – die Esperanza ist ein altes Dreckschiff, ein langsamer, schäbiger Kasten, kaum so groß, dass er über den Atlantik schwimmt. Und das kommt dir nun wahrscheinlich gar nicht mehr großartig vor?

AXEL: Das hab ich nicht gesagt.

GROVE: Aber gedacht. Und ganz Unrecht hast du nicht einmal. Ich bin früher etwas ganz anderes gewesen, und wenn du mich jetzt so siehst, nicht wahr, alt bin ich auch geworden, da ist kein besonderer Glanz mehr zu bemerken ...

AXEL: Weißt du, – diese Großartigkeit, die mochte ich

---

[1] Reisegepäck; hier: Gesindel, Pack

eigentlich gar nicht besonders gern. *(Mit dem Versuch zu trösten)* Ich finde das hier ... ganz in Ordnung, ich mag das beinahe mehr als –

GROVE: So, das magst du mehr. Du meinst, jetzt ist kein besonders großer Unterschied mehr zwischen dir und mir, und das gefällt dir. Ja, so ist das natürlich auch nicht! Ich bin immer noch, der ich bin, und wenn hier jemand ein Wörtchen zu reden hat, dann bin ich es. So oder so, mit Glanz oder ohne, es kommt darauf an, was man ist. Ein dreckiger alter Kasten, hast du gesagt –

AXEL: Das hast du selbst gesagt, nicht ich.

GROVE: Unsinn. Ich werde mein Schiff nicht einen dreckigen alten Kasten nennen. Denn die Esperanza ist, zum Teil wenigstens, mein eigenes Schiff. Ich mache hier, was ich will, und es geht mir gut dabei. Und die Einnahmen, sagte ich schon, sind mehr als gut. Glänzend. Siehst du, – es kommt nicht auf die unscheinbare Außenseite an, es kommt darauf an, was dahintersteckt.

AXEL: Ja.

GROVE: So. Und jetzt geh.

AXEL: Ja.

(Akustikwechsel, leises Dröhnen der Schiffsmaschinen. Enger Raum. Schnarchen)

PODBIAK *(murmelt ängstlich):* ... lass mich in Ruh ... lass mich in Ruh ...

KRUCHA: Sei still, Podbiak.

PODBIAK: Sieben auf einen ...! Sieben, alle auf einen! Nicht – nicht – nicht – nicht –

KRUCHA: Wirst du ruhig sein, Podbiak, dummer Kerl! ...

PODBIAK *(schreit):* Aaaa –!

KRUCHA: Wach auf!

PODBIAK *(halb wach, schnell):* Was ist, was ist ... Krucha, du? Ach so.

KRUCHA: Du hast geträumt.

PODBIAK: Kann mich nicht erinnern. Geträumt ... kann sein.

KRUCHA: Laut geschrien hast du.

PODBIAK: So? Was hab ich gesagt?
KRUCHA: Nichts Besonderes. Nur so ... Du wirst schon wissen.
PODBIAK: Nein. Ich weiß gar nichts.
KRUCHA: Die anderen haben nichts gehört. Die schlafen.
PODBIAK: Dann ist gut.
KRUCHA: Aber ich habe gehört. Du hast alles erzählt im Schlaf.
PODBIAK *(erschrocken):* Ist nicht wahr!
KRUCHA *(lügt):* So wahr ich lebe! Alles.
PODBIAK: Ich habe durcheinandergeredet, oder –? Hab ich von den Leuten gesprochen, den fünf?
KRUCHA *(pfiffig):* Ja. Von den fünf.
PODBIAK: Diesmal sind es sieben.
KRUCHA *(nachdenkend):* Das sind die ... die sieben Leute, die du an Bord gebracht hast. Und die du dann nachts wieder wegbringst.
PODBIAK: Voriges Mal waren es fünf.
KRUCHA: In der Barkasse[1], nachts, ja?
PODBIAK: Ja.
KRUCHA: Mir kannst du alles genau erzählen, ich sag's niemand. Wie viel bekommst du jedes Mal?
PODBIAK: Fünfzig Dollar.
KRUCHA *(pfeift):* „ti – ta".
PODBIAK: Aber ich bin zu alt für so was. Das habe ich gleich gesagt, ich bin zu alt, aber der Bengtsen, der will nicht auf mich hören. Mach das, du bist der Beste für so was. Immer ich.
KRUCHA: Hast du Angst?
PODBIAK: Was glaubst du? Fünf Kerle, alle jünger und kräftiger als ich.
KRUCHA: Hast du Angst, dass die Grenzwache dich erwischt?
PODBIAK: Nein.
KRUCHA: Wenn du sie an Land bringst.
PODBIAK: Nein.
KRUCHA: Oder bringst du sie vielleicht gar nicht an Land?

---

[1] größtes Beiboot auf Kriegsschiffen; auch: kleineres Dampfboot

PODBIAK: Nein.
KRUCHA: Ja, aber wie denn?
PODBIAK: Lass mich, ich will schlafen.
KRUCHA: Also, du bringst sie gar nicht an Land.
PODBIAK: Kann man doch gar nicht. Ist doch alles bewacht.
KRUCHA: Was machst du denn mit ihnen?
PODBIAK: Also ganz einfach. Das Schiff hält. Die Lichter sind aus. Die steigen zu mir in die Barkasse, neulich waren es fünf. Ich sagte: „... jetzt sind wir gleich angekommen in Amerika", und fahre sie eine Weile. Dann sag ich: „Jetzt sind nur noch zehn Meter bis zum Strand, das letzte Stückchen müsst ihr schwimmen, weiter fahr ich nicht." Und die sind so gierig an Land zu kommen, die lassen sich alle fünf ins Wasser und schwimmen los. Und ich fahre zurück, mit der Barkasse, zur Esperanza. Und die schwimmen zehn Meter, und zwanzig, und schwimmen und schwimmen ... Die merken erst viel später, dass sie mitten auf hoher See sind und überhaupt kein Strand weit und breit. Wie lange kann man so schwimmen? Außerdem in Kleidern?
KRUCHA: So macht ihr das also. Und wovor hast du Angst?
PODBIAK: Junge starke Kerle. Wenn ich sage, letztes Stück könnt ihr gefälligst schwimmen, dann haben die vielleicht keine Lust? Die können mich einfach nehmen und ins Wasser schmeißen und selber weiterfahren mit der Barkasse. Ich bin zu alt für so was. Verstehst du?
KRUCHA: Und mit wem machst du das aus? Bengtsen?
PODBIAK: Ja.
KRUCHA: Fünfzig Dollar? Von Bengtsen?
PODBIAK: Ja. Aber lieber würde ich es n i c h t machen. Ich bin zu alt.
KRUCHA: Schlaf jetzt.
PODBIAK: Aber du wirst niemand sagen ... dass ich darüber geredet hab ...
KRUCHA: Sei still. Stör mich nicht. Ich muss nachdenken.

(Akustikwechsel, unten, das unaufhörliche Dröhnen. Die Stimmen der Kartenspieler)

MEGERLIN: Ich weiß nicht ... ist es jetzt Tag oder Nacht?
EDNA: Ich glaube, Nacht.
MEGERLIN: Hören Sie die anderen ... die haben es gut, die wissen ganz genau, was sie wollen und wohin sie wollen. Aber ich ... – mir kommt es vor, als hätte ich in einem bestimmten Augenblick angefangen zu träumen, und ich träume immer weiter, der Traum schwimmt mit mir davon, sozusagen ... wie komme ich hierher? Was will ich anderswo? Ich fürchte mich vor nichts so sehr als vor dem Tage der Ankunft ...
EDNA: Wenn wir erst draußen sind ... im Freien ...
MEGERLIN: Ja, dann fängt es erst richtig an ... ich bin nicht daran gewöhnt, irgendwelche Entscheidungen zu treffen ... Ich habe getan, was ich musste ... ich war ein Angestellter, ein treuer Angestellter, kann ich wohl sagen ... Und alle hielten das für ganz selbstverständlich. Ich glaube, das war es in erster Linie, was mich so ärgerte. Ein ganz gewöhnlicher, ziemlich dummer Mensch, und daher treu. „Ein Kassierer muss dumm sein", sagte der Direktor einmal. Er wusste nicht, dass ich es hörte. Aber was hat es für einen Sinn, treu zu sein, wenn das lediglich eine Folge der Dummheit wäre? Viele Tausender gingen täglich durch meine Hände. Aber meine Haare fingen an grau zu werden, ich werde bald sterben und ich habe ein Leben lang nichts erlebt. Überhaupt gar nichts. Sonntags ein Glas Wein.
EDNA: Ich finde es gar nicht so schlimm, arm zu sein.
MEGERLIN: Das war es auch gar nicht ... Ich glaube, Sie können das nicht verstehen, Sie sind zu jung. Aber ich muss etwas tun, jetzt zum Beispiel muss ich etwas tun ... Mit anderen an einem Tisch sitzen, und wenn es auch nur eine Kiste ist ...
EDNA: Die spielen doch. Seit drei Tagen spielen sie ...
MEGERLIN: Meine Herren ... *(Stimmen hören auf)*
MEGERLIN: Dürfte ich mir die Anfrage gestatten, ob ich an einem Spielchen ...

EDNA *(leise):* Seien Sie nicht verrückt ...
MEGERLIN: An einem Spielchen teilnehmen dürfte?

> *(Gelächter, ausblenden, Akustikwechsel. Im Freien,
> Wind leise, gleichmäßig das Meer)*

BENGTSEN: Was wollen Sie denn, Krucha?
KRUCHA: Eigentlich wollte ich zu Ihnen ...
BENGTSEN: Was gibt's?
KRUCHA: Aber wir können vielleicht auch ein andermal ...
BENGTSEN: Was ist das für ein Getue? Reden Sie oder reden Sie nicht. Nur halten Sie mich nicht unnütz auf.
KRUCHA: Gewiss nicht, Herr Bengtsen ...
BENGTSEN: Also?
KRUCHA: Da ist nämlich ein Landsmann von mir, Podbiak heißt er. So ein älterer Mann ist das.
BENGTSEN: Ich weiß. Der Podbiak.
KRUCHA: Ein Landsmann von mir, nachts spricht er vor sich hin, halb im Schlaf – aber das versteht keiner, das ist in unserer Heimatsprache. Nur ich muss immer zuhören.
BENGTSEN: Ja und?
KRUCHA: Dann sprech ich auch so mit ihm ... wenn er wach ist ... Und es sind diesmal wieder einige an Bord genommen worden, sagt er. Die sitzen unten im Laderaum.
BENGTSEN: Hören Sie mal, Krucha. Sie sind lange genug auf diesem Schiff, um zu wissen, was Sie angeht und was Sie nichts angeht.
KRUCHA: Natürlich, Herr Bengtsen, es geht mich nichts an. Das meine ich auch gar nicht. Ich meine nur – ich wollte nur sagen –, ich weiß jetzt a l l e s.
BENGTSEN: Was wissen Sie?
KRUCHA: Alles.
BENGTSEN: Es interessiert mich nicht, was Sie wissen, Krucha. Außerdem: Sie haben in diesem Augenblick bereits vergessen, was Sie vorhin zu wissen glaubten. Verstanden?
KRUCHA: Alles. Alles.
BENGTSEN: Krucha, jetzt hören Sie aber auf.
KRUCHA: Herr Bengtsen, ... nein, gehen Sie bitte nicht weg, Herr Bengtsen ... Bitte, hören Sie mich an. Der Podbiak nämlich ...

BENGTSEN: Diesen Podbiak werde ich mir auch noch vorknöpfen. So was.

KRUCHA: Er ist alt, der Podbiak. Er bringt's nicht mehr fertig, die Leute verschwinden zu lassen ...

BENGTSEN: Ich habe Sie so lange angehört, jetzt möchte ich wissen, was Sie eigentlich wollen.

KRUCHA: Ich will bloß –

BENGTSEN: Sie wollen wahrscheinlich Geld. Sie denken, jetzt wissen Sie was, und jetzt können Sie Geld dafür bekommen. Soll das eine Drohung sein?

KRUCHA: Nein, Herr Bengtsen. Natürlich, jeder will Geld. Aber ich will kein Geld für nichts.

BENGTSEN: Sie wollen mich doch erpressen, nicht wahr?

KRUCHA: Aber nein, Herr Bengtsen! Das nicht!

BENGTSEN: Dann weiß ich nicht, was Sie wollen.

KRUCHA: Sehen Sie, Herr Bengtsen, der Podbiak ist alt, er hat einfach Angst vor den Leuten in der Barkasse, wenn er mit ihnen allein ist.

BENGTSEN: Ist das Ihre Sache? Wenn er Angst hat?

KRUCHA: Ich habe gedacht, ob Sie das Geschäft nicht lieber mir überlassen wollen? Für fünfzig Dollars? Der Podbiak hat nichts dagegen, wenn ich es statt seiner übernehme.

BENGTSEN: Das haben Sie also gemeint.

KRUCHA: Ja, genau das. Der Podbiak ist über fünfzig. Und ich bin erst dreißig.

BENGTSEN: Sie sind tatsächlich ein noch größeres Schwein, als ich gedacht habe.

KRUCHA: Ach, Herr Bengtsen, ich ärgere mich nur, wenn ein anderer Geld verdient, das ebenso gut ich selbst verdienen könnte. Das würde jeden ärgern.

BENGTSEN: Ich werd es mir überlegen. Ich werde es mit dem Kapitän besprechen.

KRUCHA: Jawohl, Herr Bengtsen, danke. Und es hat ja noch Zeit. Die sitzen ja noch eine Woche lang unten im Laderaum.

(Akustikwechsel, anderer Raum, Schiffsglocke zweimal, ohne das Dröhnen)

GROVE: Bengtsen, – kommen Sie mal ein bisschen rein zu mir.

BENGTSEN: Donnerwetter, Kapitän! – Wie machen Sie das?
GROVE: Was mache ich wie?
BENGTSEN: Dass Sie hier an Bord so ein blütenweißes Hemd haben? Mit gestärktem Kragen? Wer hat Ihnen das gewaschen?
GROVE: Ich fand noch ein paar Stück im Spind. Man kann nicht immer dasselbe Hemd anziehen.
BENGTSEN: Es macht Sie richtig jugendlich. Oder kommt das, weil Sie sich rasiert haben? Und der Rock sieht auch so sonderbar aus ...
GROVE: Ich hab ihn gebürstet.
BENGTSEN: Richtig jugendlich.
GROVE: Soso. Jugendlich ... Na ja. Ich bin ja auch nicht wer weiß wie alt. Man verschlampt nur auf so einem Schiff.
BENGTSEN: Die Besatzung und die Esperanza, – bisher passten sie ganz gut zusammen.
GROVE: Wissen Sie, Bengtsen, das ganze Schiff sieht aus, als wären die Motten drin. Ich werde der Gesellschaft das nächste Mal erklären, dass die Esperanza mal gründlich überholt werden muss. Aber gründlich!
BENGTSEN: Das kostet mehr, als sie jemals einbringen wird, Kapitän. Das lohnt nicht mehr.
GROVE: Ich will aber mein Schiff in Ordnung haben. Ich habe die Schlamperei satt. Und der Unrat im untersten Teil des Laderaums – der gehört auch dazu.
BENGTSEN: Dieser Unrat hat sich ganz gut rentiert, bisher ...
GROVE: Ich bin kein Müllkutscher, dass ich so was an Bord nehme.
BENGTSEN: Schlamperei ...
GROVE: Jawohl! Schlamperei! Wenn wir uns jedes Mal vorgenommen haben, diese Leute hinzubringen, wo sie hinwollen, – und dann ist gerade zu viel Mond, oder zu wenig Zeit, oder die ganze Küste ist voller Patrouillenboote, – sodass wir den Unrat eben einfach ins Meer geschüttet haben, – das kam auch von dieser Schlamperei. Allmählich habe ich genug davon.
BENGTSEN: Ich dachte mir gleich, dass Ihr Sohn den Betrieb hier stören würde.

GROVE: Ach was! Der hat damit gar nichts zu tun. Ich wäre auch allein darauf gekommen.
BENGTSEN: Sagen Sie es ihm doch einfach.
GROVE: Was soll ich ihm sagen?
BENGTSEN: Erklären Sie ihm den Betrieb. Dumm scheint er ja nicht zu sein.
GROVE: Nenee, das will ich nicht. Wenn ich ihm auch nur so viel sagte, dass wir gelegentlich ein paar illegale Passagiere mitnehmen ... was würde er da von mir halten?
BENGTSEN: Vor mir haben Sie sich niemals geniert, Kapitän.
GROVE: Sie und ich, – das ist was anderes. Wir sind erwachsene Männer. Aber der Junge ... Der soll gar nicht auf den Gedanken kommen, was man alles machen kann ... Die eigene Kompanie beschwindeln ...
BENGTSEN: Die Kompanie verdient an der Fracht mehr als genug, haben Sie sonst immer gesagt, Kapitän.
GROVE: Viel, was ich gesagt habe ...
BENGTSEN: Diesmal kommen wieder siebentausend Dollars für Sie allein.
GROVE: Ich weiß. Aber wenn mein Junge nur einen Tag früher an Bord gekommen wäre, – ich hätte das Gesindel diesmal nicht mitgenommen.
BENGTSEN: Die sind nun mal da. Die müssen auch wieder weg.
GROVE: Ja. Ich denke daran. Immerzu. Wie wollen wir es diesmal machen?
BENGTSEN: So wie immer.
GROVE: Nein. Diesmal nicht. Diesmal werden wir die Leute richtig an der Küste absetzen.
BENGTSEN: Das gibt bloß eine dolle Knallerei mit der Küstenwache, und Sie verlieren die Barkasse. Nicht so einfach.
GROVE: Wir werden Neumond haben, diesmal. Und wir werden es versuchen, diesmal. Ich denke, es wird das letzte Mal sein.
BENGTSEN: Sie werden es sich noch überlegen, Kapitän.
GROVE: Und wenn sie erst an Land sind, dann haben wir nichts mehr damit zu tun. Sie sind im Dunkeln an Bord gekommen, sie sind die ganze Zeit unten im La-

deraum, keiner weiß, wie das Schiff heißt, keiner kennt irgendeinen Namen, sie haben nichts gesehen, sie wissen nichts, sie können uns gar nichts anhängen.

BENGTSEN: Oder tun die Ihnen auf einmal leid?

GROVE: Keine Spur. Gesindel. Galgenvögel, was weiß ich. Lauter Versager. Wenn die aus der Welt verschwinden, und die gehen sowieso zugrunde, früher oder später, unnütz und überzählig, – wenn man die wegtut, dann ist das beinahe eine verdienstvolle Tat ...

BENGTSEN: Sehr verdienstvoll sogar ... *(lacht)* Siebentausend Dollar.

GROVE: Ich mein es moralisch *(lacht unwillkürlich auch)*. Manchmal komme ich mir vor wie die höhere Gerechtigkeit persönlich.

BENGTSEN: Na also!

GROVE: Aber, Bengtsen, – solange ich allein war, da war das was anderes. Wenn man rasch zu Geld kommen will, steht man immer mit einem Bein im Zuchthaus. Für sich allein kann man das riskieren. Aber jetzt geht es nicht mehr.

BENGTSEN: Sie werden es sich noch überlegen, Kapitän.

GROVE: Nein. Ich hab's mir gerade überlegt. Und Sie, Bengtsen, tüfteln Sie mal eine günstige Stelle aus. Sie kennen die Küste. Und schicken Sie mir meinen Sohn her, wenn Sie ihn sehen.

(Tür wird geschlossen, Akustikwechsel. Im Freien)

BENGTSEN: Hallo, Grove, – kommen Sie mal her.

AXEL: Ja, was ist, Herr Bengtsen?

BENGTSEN: Wissen Sie, – ich kenne Ihren Vater ziemlich lange, und ich habe etwas bemerkt.

AXEL: Ich kenne meinen Vater noch ein bisschen länger als Sie, Herr Bengtsen.

BENGTSEN: Ja, das ist es eben. Wissen Sie, einerseits ist der Alte ganz froh darüber, dass er Sie hier hat, – andererseits stören Sie ihn in seinen Lebensgewohnheiten.

AXEL: Wir werden uns beide aneinander gewöhnen.

BENGTSEN: Ob das überhaupt möglich ist ... Der Kapitän hat seine eigene Lebensart, und wenn nun der

Sohn immer dabeisteht, das verträgt man nicht so leicht ...

AXEL: Hat mein Vater Ihnen etwas darüber gesagt?

BENGTSEN: Nicht direkt gesagt ... Aber ich merk's schon. Sehen Sie, nach allem, was der Alte hinter sich hat, ist es ihm im Grunde viel lieber, allein zu sein. Ehemaliger Marineoffizier, mit Schimpf und Schande davongejagt, – wenn er übrigens mal darauf zu sprechen kommt, müssen Sie so tun, als ob er damals zu Unrecht im Gefängnis gesessen hätte, – obgleich Sie natürlich genauso gut wissen wie ich, dass ...

AXEL: Das war ... War das im Sommer 37?

BENGTSEN: Es war ein ganz gewöhnlicher Diebstahl, er hatte die Schiffskasse bestohlen, warum soll man es beschönigen, – na ja, er ist Ihr Vater, Sie werden versuchen, es zu verstehen, – aber für ihn ist das unangenehm, wenn der eigene Sohn ihn im Grunde verurteilt ...

AXEL: Warum sagen Sie mir das, Herr Bengtsen?

BENGTSEN: Damit Sie sich's vielleicht noch überlegen ...

AXEL: Sie haben es mir nur gesagt, weil Sie wussten, dass ich keine Ahnung davon hatte. Was ist hier überhaupt los? Was ist das für ein Schiff ... Verfaulte Matratzen, alles voll dunkler Winkel, alles voll Spinnweb ... Zum Ersticken ...

BENGTSEN: Hören Sie, Grove ...

AXEL: Entschuldigen Sie mich, Herr Bengtsen ... Was wollen Sie mir noch sagen? Ich denke, es reicht ...

BENGTSEN: Glauben Sie immer noch, dass Sie sich aneinander gewöhnen werden?

(Akustikwechsel. Schnelle Schritte über eine Eisentreppe hinab. Pochen an eine Eisentür)

AXEL: Wer ist da?

MEGERLIN *(undeutlich hinter der Tür):* Bitte, ... machen Sie auf ...

AXEL: Wer ist da?

MEGERLIN: Aufmachen, bitte ... Da muss ein Riegel sein, bitte ...

(Riegel wird zurückgeschoben; Tür quietscht)

AXEL: Was machen Sie denn hier? Sie gehören doch nicht zur Besatzung?
MEGERLIN: Keine Luft ... keine Luft drin ... Es ist zum Ersticken.
AXEL: Wer sind Sie?
MEGERLIN: Nur ein wenig ... wenn ich nur ein wenig hinaus könnte, an die Luft könnte ...
EDNA *(nähert sich):* Aber, Herr Megerlin, Sie wissen doch, dass wir nicht dürfen ...
AXEL: Und Sie? Da sind ja noch welche?

(Stimmengemurmel)

Was tun Sie hier alle?
EDNA: Wir sind Auswanderer.
AXEL: Unsinn. Die Esperanza hat keine Passagiere.
EDNA: Am besten, Sie machen die Tür wieder zu, gehen weg und vergessen, dass Sie uns gesehen haben.
AXEL: Fällt mir nicht ein. Ich muss Sie dem Kapitän melden.

(Gedämpftes Gelächter)

Oder meinen Sie, dass Sie hier heimlich im Dunkeln bleiben können, die ganze Überfahrt lang?
EDNA: Wir haben dafür bezahlt. Und dieses Schiff hier – wir wissen nicht einmal, wie es heißt, das hat man uns nicht gesagt –
AXEL: Esperanza –
EDNA: Diese Esperanza hat nur den einen scheußlichen, dunklen Raum für uns, – dafür ist er teurer als die Luxuskabine auf einem großen Dampfer.
AXEL: Dann würde ich einen Luxusdampfer vorziehen.
EDNA: Ich auch. Aber dazu müsste ich sehr schöne Einreisepapiere haben.
AXEL: Ach so. Natürlich. Und wie wollen Sie denn an Land kommen?
EDNA: Das ist einbegriffen. Der Kapitän sorgt dafür, dass wir irgendwo an der Küste –
AXEL: Der Kapitän? Ja, weiß denn der davon?

EDNA: Glauben Sie, man kann sieben Leute an Bord schaffen und verstecken, ohne dass der Kapitän das wüsste? Wer lässt sich denn so teuer dafür bezahlen?
AXEL: Der Kapitän?
EDNA: Was meinen Sie, was der an uns verdient?

(Ganz entfernt die Schiffsglocke – acht Glasen)

AXEL: Und wer sind die andern sechs?
EDNA: Und wer sind Sie?
AXEL: Ich bin nur Matrose. War das nicht die Glocke? Vier Uhr ... das ist meine Wache.
EDNA: Und dass Sie uns gesehen haben, das sollten Sie lieber nicht weitererzählen.

(Tür quietscht)

Und schieben Sie bitte auch wieder den Riegel vor ...

(Tür fällt zu. Akustikwechsel. Im Freien)

GROVE: Bengtsen? Haben Sie vielleicht meinen Sohn gesehen?
BENGTSEN: Der muss jetzt Wache haben.
GROVE: Ich weiß gar nicht, wo der immer steckt. Seit drei Tagen hat er sich nicht bei mir gezeigt.
BENGTSEN: Ich weiß es nicht, Kapitän.

(Akustikwechsel, unten. Das Dröhnen. Leise Stimmen: „Full Hand" ... „Flush" ...)

MEGERLIN *(für sich)*: Eins ... zwei ... drei ... vier ...
EDNA: Was tun Sie denn da im Dunkeln, Herr Megerlin?
MEGERLIN: Ich zähle, was mir übrig geblieben ist.
EDNA: Sie haben verloren.
MEGERLIN: Etwas. Oder ziemlich viel. Eigentlich beinahe alles.
EDNA: Ich sagte Ihnen, Sie sollten lieber nicht mit meinem Vater spielen.
MEGERLIN: Jetzt werden Sie wohl bald angekommen sein ...
EDNA: Wir alle.
MEGERLIN: Wissen Sie, ich glaube, ich werde gar nicht mitgehen. Ich glaube, ich habe deswegen so dumm

gespielt, damit ich dieses Geld loswerde, damit ich einen Grund habe, nicht in dieses fremde Land zu gehen, ich habe Angst davor. Wenn Sie fortgebracht werden, dann will ich den Kapitän bitten, dass er mich hierlässt und wieder zurückbringt und meinetwegen ausliefert, er könnte sagen, dass ich mich hier als blinder Passagier eingeschmuggelt habe, ich will nicht weiter, ich will wieder zurück, ich habe begriffen, ich kann's doch nicht. Oder ich bleibe einfach hier in diesem Loch sitzen, bis ich ersticke. Oder bis mich jemand findet und mitnimmt, egal wohin. Egal wohin ...

(Der Riegel wird zurückgeschoben)

EDNA: Da kommt jemand.
MEGERLIN: Der Alte mit dem Zwieback und dem Wasser. Ich will nichts ...
EDNA: Vielleicht ist es jemand anderes ...?

(Tür quietscht)

AXEL: Ich wollte noch mal nach Ihnen sehen. Noch drei Tage, Fräulein. Dann werden wir wohl ankommen.
EDNA: Drei Tage ...! Und wie spät ist es eben?
AXEL: Neun Uhr.
EDNA: Neun Uhr morgens oder neun Uhr abends?
AXEL: Morgens, oben scheint die Sonne. Sie tun mir sehr leid, Fräulein.
EDNA: Drei Tage hält man es noch aus ...
AXEL: Ich habe Ihnen eine Decke mitgebracht ...
EDNA *(beinahe lachend):* Finden Sie nicht, dass es hier warm genug ist?
AXEL: Ich sehe, dass Sie hier einfach auf dem nackten Boden schlafen müssen ... Sie können sich die Decke ja darunterlegen.
EDNA: Ich habe mich schon daran gewöhnt. Aber ich nehm die Decke gern.
AXEL: Sonst habe ich nichts, was ich Ihnen bringen könnte.
EDNA: Wir brauchen auch nichts, wir wollen nur endlich ankommen.
AXEL: Was sind das eigentlich für Menschen?

EDNA: Ich weiß es nicht genau. Man will sie nicht, aus Gesundheitsgründen oder aus politischen Gründen oder weil sie mal was ausgefressen hatten, – aber sie sind versessen darauf, ein neues Leben anzufangen. Voller verrückter Hoffnungen. Wie werden die nach ein paar Monaten aussehen ...

AXEL: Arme Schweine, sozusagen.

EDNA: So ungefähr.

AXEL: Und Sie? Sind Sie allein?

EDNA: Vorläufig bin ich noch mit meinem Vater zusammen. Meinem Stiefvater. Ich bin für ihn so eine Art Betriebskapital.

AXEL: Das verstehe ich nicht.

EDNA: Ich muss ihm seine Kunden zuführen ... Wenn Sie wüssten, was einem Mädchen seit seinem vierzehnten Jahr zugemutet werden kann ...

AXEL: Warum sind Sie ihm nicht davongelaufen?

EDNA: Ich werde es tun. Er weiß es noch gar nicht. Aber sobald wir an Land sind, – er sieht mich nie wieder.

AXEL: Wie alt sind Sie?

EDNA: Achtzehn.

AXEL: Und Sie fürchten sich gar nicht?

EDNA: Nein. Ich habe so viel Gemeines erlebt, ich weiß sofort, was an einem Menschen dran ist. Ich habe einen ganz genauen Plan. Ich werde zuerst ein Jahr in irgendeiner Fabrik arbeiten, bis ich mich an das Land drüben gewöhnt habe. Dann werde ich vielleicht Verkäuferin oder so. Und ich werde mich mit niemandem einlassen und mich auf niemand verlassen, außer wenn ich weiß, dass es ein guter Mensch ist.

AXEL: Sie haben ja auch die ... verrückten Hoffnungen.

EDNA *(lacht):* Nein. Meine sind ganz normal. Und dann, – ich sehe sonst ... nun, eben bin ich ein bisschen zerzaust, – aber sonst sehe ich so kindlich aus, dass niemand darauf käme, – außer wenn mein Vater ihn auf mich hetzt, – mir etwas Böses zu tun.

AXEL: Ja. Das ist richtig.

EDNA: Und Sie?

AXEL: Ich?

EDNA: Wo sind Sie zu Hause? Leben Ihre Eltern?

Axel: Nein ... ich bin auch allein ...
Megerlin *(nähert sich):* Entschuldigen Sie ... wissen Sie vielleicht, wann ... wann diese Leute hier an Land gebracht werden sollen?
Axel: Nein, das weiß ich nicht. Ich weiß nur, dass wir noch so ungefähr drei Tage unterwegs sind ...

(Ausblenden, Schiffsmaschine. Wird leise. Verschwindet. Akustikwechsel, im Freien)

Grove: Bengtsen?
Bengtsen: Ja?
Grove: Morgen Mittag sind wir in Wilmington.
Bengtsen: Ich denke, gegen ein Uhr.
Grove: Haben Sie für heute Nacht alles veranlasst?
Bengtsen: Ja.
Grove: Wenn Sie meinen Sohn sehen, schicken Sie ihn zu mir.

(Dann die Schiffsglocke im Freien, gerade die letzten Schläge. Akustikwechsel)

Na, Axel, – besuchst du mich auch einmal?
Axel: Ja, ich dachte –
Grove: Hast dich bestens eingelebt, in den zwei Wochen. Trinkst du?
Axel: Ja, danke.
Grove: Ist ja nicht ganz in Ordnung, –

(Geräusch des Eingießens).

... dass der Leichtmatrose mit dem Kapitän zusammensäuft, – und ich hab dich auch nicht öfter herbestellt, damit die Leute nicht auf den Gedanken kommen, du würdest hier irgendwie bevorzugt. Das schafft nur böses Blut. Und außerdem, wenn ich mich nach dir umgesehen hab, warst du nicht zu finden. Schläfst wohl den ganzen Tag?
Axel: Ja, Gott, – gelegentlich –
Grove: Junger Mensch braucht Schlaf. Na, denn prost!
Axel: Prost, Vater.
Grove: Bisschen hart der Dienst, was?
Axel: Das ist wohl überall gleich.

GROVE: Man gewöhnt sich an alles. Man gewöhnt sich an viel dollere Sachen. An die Flieger, an die U-Boote, an die Einschläge. Was glaubst du, – als das auf einmal vorbei war, und der Himmel lag über einem, harmlos wie eine Zimmerdecke, da habe ich richtig was vermisst. Ohne Feind ist das nur eine halbe Welt. Als hätte man eine Nacht lang hoch gespielt, immerzu Tausender verloren und gewonnen, – und auf einmal ist Schluss, – jetzt geht es nicht mehr um Geld, sondern um was weiß ich, um Haselnüsse. Und wenn man jahrelang fürs Vaterland gekämpft hat ...

AXEL: Welches Vaterland meinst du? Unser eigenes gab es ja bald nicht mehr.

GROVE: Irgendeins, – darauf kommt es im Grunde nicht an, man sagt das so, – in Wirklichkeit kommt es nur darauf an, dass man weiß, wo man steht, und dass man weiß, wer die andere Seite ist. Und auf die lauert man, bis man sie jagen kann. Begreifst du, was das bedeutet?

AXEL: Ich weiß nicht. Das sind ja auch Menschen.

GROVE: Das ist der Feind. Menschen, sagst du? Gott sei Dank sind es Menschen, sonst könnte man ja nicht an sie heran. Aber dass da was lebt! In einer Hülle aus Metall und Maschinen, – auf die kommt es gar nicht so an, – aber auf das, was drinsteckt. Das steht hinter dem Rohr, genau wie du, das hält die Hand am Auslöser, genau wie du, es will dich vernichten, genau wie du selber es vernichten willst. Wenn du es ausgemacht hast, – vielleicht ist es nur ein Punkt, eine dunkle Stelle, eine kleine Unruhe im Meer, – aber das sind sie. Und du hast nicht eher Ruhe, bis der Punkt verschwunden ist, weggeputzt, und in Bruch und Trümmern hineingesenkt in die Tiefe. Das ist dann dein Triumph, ein herrliches Gefühl, – die leere Stelle, über die die Wellen hingehen, als wäre niemals etwas da gewesen. Du bist satt bis zum Halse, voll von Leben, du bist übrig geblieben, und es geht weiter. So ist das. Prost!

AXEL: Prost.

GROVE: Und du hast nichts davon mitgekriegt ...

AXEL: Nur die Rückseite. Die Flüchtlingslager, die Läuse, die Bomben und den Hunger.
GROVE: Na ja ... du warst eben zu jung.
AXEL: Im Lager konnte man sich melden. Denen wurde dann bessere Verpflegung versprochen. Aber ich habe eben weitergehungert.
GROVE: Deshalb bist du denn auch so ein bisschen kümmerlich geblieben ...
AXEL: Wieso?
GROVE: Nicht äußerlich, mein ich. Aber mir scheint, es fehlt dir was.
AXEL: Kümmerlich?
GROVE: Na ja, du hast eben zu lange gehungert. Das hinterlässt Spuren.
AXEL: Unsinn, Vater, mir fehlt nichts.
GROVE: Nur ein bisschen Energie. Ein starker Wille. Willst du dich durchsetzen? Bist du hinter den Dingen her?
AXEL: Ich bin eigentlich nur auf See gegangen, weil sich gerade eine Gelegenheit bot.
GROVE: Und jetzt bist du bald zwei Jahre gefahren. Und was hast du dabei gelernt?
AXEL: Nicht viel. Deckschrubben.
GROVE: Das kann auch eine Scheuerfrau. Aber sonst? Weißt du, was ein Sextant[1] ist?
AXEL: So ungefähr.
GROVE: Hast du einen in der Hand gehabt?
AXEL: Das nicht.
GROVE: So ungefähr ...! Weißt du, was eine Standlinie ist?
AXEL: Nein.
GROVE: Was ist die Mittagslinie?
AXEL: Ich weiß nicht.
GROVE: Azimut[2]? Rektaszension[3]?
AXEL: Ich weiß nicht. Ich weiß nicht.

---

[1] astronomisches Winkelmessinstrument
[2] Winkel zwischen der Vertikalebene eines Gestirns und der Südhälfte der Meridianebene
[3] eine der beiden Koordinaten im äquatorialen astronomischen Koordinatensystem

GROVE: Aber als Rudergänger hat man dich schon gebraucht?
AXEL: Ja. Ein paar Mal.
GROVE: Und was hast du da gemacht?
AXEL: Ich hab auf den Kompass geachtet.
GROVE: Nordost drei viertel Nord. Hingestiert und Kurs gehalten. Und sonst? Kein Gedanke. Nordost drei viertel Nord.
AXEL: Ich weiß nicht ... was willst du eigentlich? Ich tu, was von mir verlangt wird.
GROVE: Wenn du schon mein Sohn bist, dann solltest du versuchen, so zu sein, wie ich mir einen tüchtigen Kerl vorstelle.
AXEL: So wie du? Das wolltest du wohl sagen?
GROVE: Jawohl, meinetwegen. Sieh mich an, sprich mit mir, dann weißt du, wie man die Dinge anzupacken hat.
AXEL: Ich würde dich zum Beispiel gern etwas fragen.
GROVE: Schieß los, mein Junge.
AXEL: Da sitzen sieben Leute eingepfercht im Laderaum.
GROVE: Wer hat dir das erzählt?
AXEL: Ich bin selber unten gewesen.
GROVE: So? Herumgeschnüffelt also?
AXEL: Nein. Ich ging herum, und zufällig –
GROVE: Jetzt hör mal zu: Die Leute unten, – die gehen dich gar nichts an.
AXEL: Ich wollte dich nur fragen, ob du es weißt.
GROVE: Ja, glaubst du denn, jemand würde es wagen, hinter meinem Rücken irgendetwas zu tun? Warum bist du unten gewesen?
AXEL: Zum ersten Mal war es –
GROVE: Was heißt das? Bist du mehrere Male dort gewesen? Was hattest du da zu suchen?
AXEL: Einige Male.
GROVE: Ja, was denn? Wozu denn? Bei diesem Gesindel! Was wolltest du da?
AXEL: Sie schlafen auf dem nackten Boden. Bist du unten gewesen? Kennst du diese Menschen?
GROVE: Nein. Ich kenne sie nicht. Ich will sie nicht kennen. Und ich verbiete dir, dass du noch einmal hingehst.

AXEL: Warum denn?
GROVE: Abschaum. Gesindel, dem der Boden zu heiß geworden ist.
AXEL: Sie taten mir leid. Sie wussten nicht einmal, auf was für einem Schiff sie sind.
GROVE: Und das hast du ihnen gesagt?
AXEL: Ja. Warum nicht?
GROVE: Was hast du ihnen gesagt? Genau?
AXEL: Nichts Böses. Nur dass das Schiff Esperanza heißt und nach Wilmington unterwegs ist –
GROVE: Du Idiot! Und du kapierst womöglich gar nicht, was du damit angerichtet hast!
AXEL: Warum sollen diese Leute wenigstens nicht wissen –
GROVE: Warum? Was meinst du denn, was so einer tut, wenn er heute Nacht an der Küste oder auch später im Lande aufgegriffen wird? Papiere? Keine. Wo kommen Sie her? Und dann packt er aus, natürlich. So und so, mit der Esperanza, dann und dann. Und dann können wir im nächsten Hafen was erleben! Da steht die Kriminalpolizei schon am Kai, wenn wir einlaufen.
AXEL: Ich glaube, der Mann, den sie an der Küste schnappen, würde mir mehr leidtun als der, auf den sie im Hafen warten.
GROVE: Du weißt nicht, was du redest. Irgendein Tölpel! Irgendein Galgenvogel! Und ich riskiere seinetwegen mein Schiff und meinen Kragen!
AXEL: Wieso denn seinetwegen? Doch nur, weil er dich bezahlt hat.
GROVE: Nu hör aber auf!
AXEL: Und bist obendrein, – ich weiß gar nicht, wieso du besser sein solltest als einer von denen, gerade du –
GROVE: Axel!
AXEL: Im Sommer 37 habe ich gewartet auf dich. Hätte ich gewusst, dass du gar nicht irgendwo auf den Meeren der Welt unterwegs warst, sondern bloß im Kittchen –
GROVE: Axel!

AXEL: Das weiß doch jeder! Warum soll ich es nicht wissen?

GROVE: Und so einen lächerlichen Hafenklatsch –! Das wagst du! So was mir ins Gesicht zu sagen –!

AXEL: Dann ist das gelogen?

GROVE: Natürlich.

AXEL: Du warst also gar nicht –

GROVE: Nein!

AXEL: ... im Gefängnis?

GROVE: Nein. Das heißt ... Es hat da eine Untersuchung gegeben.

AXEL: Also doch.

GROVE: Untersuchungshaft und so weiter. Irgendein Denunziant ... Aber ich wurde rehabilitiert.

AXEL: Was wurdest du?

GROVE: Meine Ehre wurde wiederhergestellt.

AXEL: Deine Ehre.

GROVE: Jawohl! Hätte ich sonst mein Patent behalten?

AXEL: Ich kann mir schon denken –

GROVE: Was?

AXEL: ... dass du dich irgendwie herausgeschwindelt hast, mitsamt deinem Patent. Du bist ja so vorsichtig! Du lässt dich nicht erwischen.

GROVE: Jetzt habe ich aber genug ...

AXEL: Und auf so was habe ich gewartet, jahrelang. Du kannst mir beinahe leidtun. Es ist nicht weit her mit deiner Herrlichkeit.

GROVE: Was bist du für ein Kind! Wenn dich solche Bagatellen derartig aus dem Häuschen bringen ... Lass dir von deinen Freunden unten im Laderaum erzählen, wie ein Zuchthaus von innen aussieht.

AXEL: Das sind arme Schweine.

GROVE: Jawohl, sind sie! Und du selber? Willst du auch so ein armes Schwein bleiben oder –

AXEL: Ich will im nächsten Hafen abmustern.

GROVE: So.

AXEL: Morgen.

GROVE: Morgen in Wilmington, ja?

AXEL: Ja. In Wilmington. Ich bleibe nicht auf deinem Schiff.

GROVE *(lacht)*.
AXEL: Ich denke nicht daran, zu bleiben!
GROVE: Du ... Versager ... du Dummkopf!
AXEL: Es ist mir egal, wofür du mich hältst.
GROVE: ... weil du dir einbildest, ein staatenloser Leichtmatrose könnte so ohne Weiteres in einem amerikanischen Hafen abmustern.
AXEL: Daran habe ich nicht gedacht.
GROVE: Jetzt weißt du es. Und ich verlange von dir, dass du bleibst. Du wirst zur Vernunft kommen. Verstanden?
AXEL: Ich will nicht.
GROVE: Du bist ein Mann und keine alte Tante: Und das Leben ist eine wüste Sache, man kann nicht hindurchschweben wie irgendein Engel. Man schwimmt im Dreck, und man strampelt sich frei, wenn man nicht ersticken will, und man wird dreckig dabei.
AXEL: Und darum stiehlt man? Und darum plündert man ein paar Verzweifelte aus, die sich nicht zu helfen wissen? Rupft sie, setzt sie an einer fremden Küste aus, – du kannst tun, was du willst. Aber ich will allein sein. Du bist mir widerlich.

(Tür schlägt zu. Schritte auf und ab)

GROVE *(allein)*: Er weiß gar nicht, was er da angerichtet hat. Dumm. Sehr dumm. So ein dummer kleiner Junge ... Bengtsen? Wollen Sie bitte zu mir hereinkommen?

(Tür)

BENGTSEN: Herr Kapitän?
GROVE: Hören Sie, Bengtsen ... Die Leute da unten sind doch eingeschlossen?
BENGTSEN: Ein Riegel ist vor der Tür.
GROVE: Es kommt ein Vorhängeschloss daran. Sofort.
BENGTSEN: Lohnt sich das noch? Für die paar Stunden?
GROVE: Ein Vorhängeschloss, sage ich.
BENGTSEN: Jawohl.
GROVE: Und ... heute Nacht ...
BENGTSEN: Die sollen also wirklich an Land gebracht werden?

GROVE: Nein.
BENGTSEN: Also dann – ?
GROVE: Die wissen nämlich, wer wir sind.
BENGTSEN: Ach so. Dann also: wie früher.
GROVE: So wie immer. Sie erledigen das.

*(Akustikwechsel. Schiffsglocke zwei Schläge.
Im Freien)*

BENGTSEN: Krucha!
KRUCHA: Herr Bengtsen?
BENGTSEN: Sie können sich heute Ihre fünfzig Dollars verdienen. Genau zwölf Uhr nachts.
KRUCHA: Aber mit dem Schwimmen, – das ist diesmal so eine Sache ... Da ist ein Weibsbild dabei, wenn ich der sage, jetzt schwimm die letzten zehn Meter, – die kann vielleicht gar nicht schwimmen.
BENGTSEN: Hören Sie, Krucha. Um zwölf Uhr haben wir eine lange Sandbank dwars[1]. Devils Ground. Um elf Uhr ist Niedrigwasser, aber um Mitternacht ist die Sandbank noch heraus. Sieht genau wie Festland aus, nur dass zwischen ihr und der Küste noch mal zwanzig Meilen tiefe See liegen.
KRUCHA: Ja, und – ?
BENGTSEN: Man könnte also dort ... an Land gehen.
KRUCHA: An Land?
BENGTSEN: Oder so etwas, was so aussieht wie Land, was sich so anfühlt, wie Festland. Man spürt erst mal Boden unter den Füßen.
KRUCHA: Ja, ich verstehe. Feuchten Boden.
BENGTSEN: Das ist der Meeresboden, der dort für zwei Stunden aus dem Wasser steigt. Und bald danach liegt das Ganze wieder etwa vier Meter unter dem Meeresspiegel.
KRUCHA: Ach so.
BENGTSEN: Begriffen?
KRUCHA: Ja, Herr Bengtsen. Und Mond ist auch keiner?
BENGTSEN: Nein. Und wenn es so bleibt, dann wird es eine stille, schwarze Nacht. Um zwölf Uhr nehmen Sie die

---

[1] niederdeutsch: quer; im Seewesen auch: Wellenbewegung von der Seite

Leute in die Barkasse und halten dann einfach vor der Esperanza quer ab. Dann können Sie die Bänke nicht verfehlen.
KRUCHA: Da steigen die bequem aus; ohne dass sie nasse Füße bekommen. Und bis die Ersten bemerkt haben, wo sie sind, bin ich längst wieder zurück. Das geht so glatt, als ob gar nichts geschehen sei.
BENGTSEN: Ich rechne im Ganzen etwa fünfundzwanzig Minuten.
KRUCHA: Wird zu machen sein.

(Schiffsglocke acht Glasen. Akustikwechsel. Die Maschinen sind zu hören)

GROVE: Zwölf Uhr.
BENGTSEN: Nach der Karte sind wir jetzt genau an der richtigen Stelle.
GROVE: Also –

(Maschinentelegraf. Die Schiffsmaschinen stoppen)

Und die Deckbeleuchtung muss weg.
(Knipsen)
Jetzt ist es dunkel wie in einem Sack. Können die Leute im Dunkeln die Barkasse aufs Wasser setzen?
BENGTSEN: Es ist derartig still heute.
GROVE: Wie Samt. Weich und schwarz und warm. Wo ist mein Sohn?
BENGTSEN: Der ist im Kettenraum beschäftigt. Hören Sie –

(Leise. Drei Hammerschläge. – Drei Hammerschläge)

Der Rost ist von der Kette zu schlagen, habe ich ihm gesagt. Der hat zu tun. Der kann auch nichts hören. Bis zu seiner Wache um vier hat er zu tun.
GROVE: Das haben Sie gut gemacht. Und jetzt scheinen sie zu kommen, da achtern –
BENGTSEN: Soll ich hingehen?
GROVE: Nein, Sie bleiben auf der Brücke. Krucha wird schon allein damit fertig.

(Akustikwechsel. Schritte auf Eisentreppe)

KRUCHA: Macht nicht so einen Lärm, ihr braucht nicht das ganze Schiff aufzuwecken. Leise. So. Alle da? Eins, zwei, drei, vier, fünf, sechs, sieben. Alle. Jetzt hier runter, hinter mir her, in die Barkasse.

(Schritte; Gemurmel)

Ruhig. Nicht reden.

(Motor der Barkasse springt an. Motorengeräusch entfernt sich. Akustikwechsel)

GROVE: Er soll nicht bemerken, dass wir keine Fahrt im Schiff haben.
BENGTSEN: Wer?
GROVE: Mein Sohn.
BENGTSEN: Der ist zu beschäftigt.
GROVE: Oder wenn er es bemerkt ... wird es ihm auffallen, wenn wir so bald wieder weiterfahren?
BENGTSEN: Er wird denken, wir haben Maschinenschaden.
GROVE: Nein. Er weiß.
BENGTSEN: Er weiß?
GROVE: Dass die Leute heute weggebracht werden, das weiß er.

(Akustikwechsel. Motorlärm laut. Dann verstummt er plötzlich. Knirschen auf Sand)

KRUCHA: So. Alle aussteigen. Endstation.
MANN: Wo sind wir denn hier?
KRUCHA: In den Vereinigten Staaten. Im Lande der Sehnsucht.
MANN: Aber wo? Ist hier ein Ort in der Nähe? Ich sehe nicht ein einziges erleuchtetes Fenster. Und keine Bäume.
KRUCHA: Ein bisschen werden Sie schon wandern müssen. Das ist eine sehr öde Küste hier. Alle raus?
MANN: Ja.
KRUCHA: Und nicht rufen, wenn ich raten darf. Still sein. Und steht nicht so herum, los, macht schon!

(Schritte im Sand)

Und nicht immer alle zusammen. Einzeln ist besser.

(Motor springt an. Geräusch entfernt sich, Akustikwechsel. Dann Hammerschläge. Dreimal. Pause. Dreimal)

GROVE: Bengtsen?
BENGTSEN: Ja?
GROVE: Hören Sie? Ich glaube, er kommt schon zurück.
BENGTSEN: Das ist ja schnell gegangen.
GROVE: Wie haben Sie übrigens meinen Sohn dazu gebracht, außerhalb seiner Wache eine ganz überflüssige Arbeit auszuführen?
BENGTSEN: Ganz einfach. Ich befahl es ihm um vier Uhr nachmittags. Und dann ließ ich Krucha ihn abfangen, und Krucha stellte ihn zu den anderen, die Rettungsboote streichen. Und dann treff ich um zehn Uhr Ihren Sohn und frage ihn, warum denn die Kette noch nicht fertig sei? Und er sagte, er habe das Boot gestrichen, und ich sagte, ich habe Ihnen gar nichts von Bootsstreichen gesagt, ich habe Ihnen befohlen, den Rost von der Kette zu klopfen. Und wenn er das nachmittags nicht gemacht habe, dann müsse er es eben jetzt nachholen.
GROVE: Er lässt sich eben zu viel gefallen. Das ist doch keine Extraarbeit und außerdem nachts.
BENGTSEN: Jedenfalls, – er ist noch dran.

(Motorlärm lauter)

Und die Barkasse ist auch zurück.
GROVE: Das wäre also erledigt.

(Maschinentelegraf. Schiffsmaschinen fangen an zu arbeiten)

GROVE: Wir holen die Verspätung leicht ein. Aber das war das letzte Mal. Gute Nacht, Bengtsen.

(Schiffsglocke viermal)

Bengtsen, kommen Sie herein. Können Sie auch nicht schlafen? Immer dies verdammte Hämmern.
BENGTSEN: Soll ich ihm sagen, dass er jetzt aufhört?
GROVE: Nein. Lassen Sie, Strafe muss sein.

BENGTSEN: Wen wollen Sie denn bestrafen? Sich selbst, wenn Sie sich Ihre Ruhe stören lassen. –
GROVE: Mich? Wieso? Den Jungen natürlich. Ich hatte eine Auseinandersetzung mit ihm. Er soll sich daran gewöhnen, dass er jetzt einen Vater hat. Einen Vater, wie ich es nun einmal bin. Aber er ist so jung und so dumm ...

(Hämmern)

Das klopft wie ein altes Herz ... unregelmäßig, krank. Ein krankes Herz in einem morschen Körper. Wird es schon hell?
BENGTSEN: Zwei Uhr. Noch nicht.
GROVE: Der hat mich so erstaunt angesehen, der blöde Kerl. Wissen Sie, Bengtsen, – kommt das bei Ihnen auch so vor? – Man sieht sich auf einmal mit den Augen eines andern Menschen. Man versucht zu begreifen, wie er einen sieht, und dann sieht man sich selbst so. Nur einen Augenblick lang, – aber dann immer wieder.
BENGTSEN: Sie sollten was trinken, Kapitän.
GROVE: Glauben Sie, ich habe noch nichts getrunken? Aber es wirkt heute nicht. Es ist so heiß, ganz still und heiß, man schwitzt alles sofort wieder aus, was man trinkt, und nur das Herz fängt an, unregelmäßig zu schlagen.
BENGTSEN: Sie sollten sich keine unnützen Sorgen machen, Kapitän.
GROVE: Er ist so eigensinnig, der Junge. Aber wir werden uns schon vertragen. Wenn er ein bisschen nachdenkt ... hier ist die Esperanza, hier ist sein Vater, – das lohnt sich doch. So etwas gibt man doch nicht auf. Das begreift doch jedes Kind.
BENGTSEN: Warum soll er das aufgeben?
GROVE: Ich weiß nicht ... ich habe manchmal den Gedanken, er könnte einfach abmustern im nächsten Hafen und weggehen. Wie kann ich ihn halten? Aber außer mir hat er doch gar nichts.
BENGTSEN: Ach, der bleibt bestimmt. Der wird sich schon an seinen Alten gewöhnen.

GROVE: Wird er doch, nicht wahr? Wenn er erst ein bisschen älter ist, werden wir noch die besten Freunde sein. Ich seh nicht ein, warum das anders sein sollte?

(Hämmern)

Hören Sie?

BENGTSEN: Ja, jetzt, wo Sie es gesagt haben ... Es klingt wirklich wie ein schlagendes Herz.

GROVE: Es dröhnt in den Ohren ... ich bilde mir immerzu ein, das ist mein eigenes Herz, das so laut schlägt. Altes, morsches Herz.

BENGTSEN: Unsinn, Kapitän. Sie sind noch lange nicht alt.

GROVE: Meinen Sie? Kann sein. Das ist nur diese Nacht, diese verdammte, stickige Nacht. Wenn es hell wird, ist alles anders. Und wenn ich bedenke, was man mir alles zugefügt hat, ohne mich zu fragen, ohne überhaupt hinzusehen ... Einer will den andern fressen, aber der härtere Brocken bleibt übrig. So ein Kind begreift natürlich nicht, dass man hart sein m u s s auf dieser Welt, wie die nun mal ist, wenn man nicht gefressen werden will. Gar nicht erst nachdenken. Und was man tut, das hat, gerade dadurch, dass man es tut, seine besondere Richtigkeit. Finden Sie nicht, Bengtsen?

BENGTSEN: Man sollte nicht so viel nachdenken, Kapitän.

GROVE: Und wenn Sie zum Beispiel wüssten, dass gerade jetzt irgendwo in China irgendein Straßenräuber hingerichtet wird, – würden Sie deswegen schlechter schlafen?

BENGTSEN: Nein. Bestimmt nicht, Kapitän.

GROVE: Sehen Sie. Und im Grunde ist ja auch kein Unterschied. Was geschieht eben? Ein paar ähnliche Straßenräuber sterben. Leute, deren Namen ich nicht kenne, die ich nie gesehen habe, Nullen, eigentlich nur bloße Nullen. Und eine Null kann man ausstreichen, ohne irgendetwas zu verändern. Sieben Nullen. Jede ohne Gesicht, ohne Stimme, ohne Namen. Ausgestrichen. Was ist dabei? Gar nichts. Die Welt wird dadurch weder besser noch schlechter.

BENGTSEN: Eher sogar besser, würde ich sagen.

(Schritte)

GROVE: Was ist das? Wer kommt da?

(Klopfen)

Was ist los?
MATROSE: Herr Kapitän ...
GROVE: Kommen Sie herein. Was wollen Sie?
MATROSE: Einer ist auf dem Schiff geblieben.
GROVE: Was für einer?
MATROSE: Ein Mann. Ich fand ihn unten im Laderaum.
GROVE: Was haben Sie nachts im Laderaum zu suchen?
MATROSE: Ich dachte, da wäre vielleicht was liegen geblieben, was man brauchen kann. Ein Paar Socken oder ein Päckchen Tabak, – was man so nicht mitnehmen will, wenn man weggeht. Oder ein Stück Seife.
GROVE: Ja, und?
MATROSE: Da fand ich einen Mann, der machte sich mit einem Strick zu schaffen, er weinte vor sich hin und zitterte und an dem Strick wollte er sich aufhängen. Ich hab ihm den Strick weggenommen. Aber was soll jetzt mit dem Mann geschehen?
GROVE: Wo ist er?
MATROSE: Er steht draußen, das heißt, er sitzt auf der Ladeluke und sagt kein Wort.
GROVE: Gehen wir hin!

(Im Gehen gesprochen)

MATROSE: Ich komm herein, es ist fast dunkel, und ich höre auf einmal dies Gewimmer, wie von einer Katze. Und dann seh ich den Mann. Ich dachte zuerst, eine Katze wäre zufällig in den Laderaum geraten, im letzten Hafen, und ich dachte, die ist vielleicht toll geworden, Katzen können nämlich auch toll werden.
GROVE: Hören Sie auf. Ist er das?
MATROSE: Ja. Da sitzt er.
GROVE: Und Sie gehen sofort und rufen mir den Krucha her.

MATROSE: Jawohl, Herr Kapitän.
GROVE: Wer sind Sie? Warum sind Sie nicht mit den andern zusammen von Bord gegangen?
MEGERLIN: Ich hatte auf einmal keine Lust.
GROVE: Ja, und jetzt? Wie stellen Sie sich das vor?
MEGERLIN: Es ist mir ganz gleichgültig, was Sie mit mir machen. Sind Sie der Kapitän?
GROVE: Ja.
MEGERLIN: Sie können mich im Hafen der Polizei abliefern.
GROVE: Ich kann Sie auch sofort über Bord schmeißen lassen.
MEGERLIN: Können Sie. Ist mir alles ganz gleichgültig.
GROVE: Weshalb kommen Sie dann überhaupt aufs Schiff, wenn Sie nachher Angst haben?
MEGERLIN: Ja, es war alles verkehrt. Ich habe gemerkt, dass ich zu nichts mehr tauge.
GROVE: Das hätte Ihnen früher einfallen können.
MEGERLIN: Wenigstens dachte ich das da unten in diesem schrecklichen Raum. Dieses Dröhnen unentwegt. Und man konnte kaum atmen da unten.
GROVE: So, und das passte Ihnen nicht.
MEGERLIN: Hier ist es besser. Hier kann man wenigstens atmen. Es tut mir leid, dass ich Ihr Programm gestört habe, Herr Kapitän.
GROVE: Und jetzt gehen Sie mal wieder runter in Ihr Loch. Ich werde sehen, was ich mit Ihnen jetzt anfange.
MEGERLIN: Der ganze Himmel ist voller Sterne. Wer hätte das gedacht?
GROVE: Was sagen Sie da?
MEGERLIN: Darf ich hier oben bleiben, bis es Tag wird?
GROVE: Wenn Sie sich ruhig verhalten –
MEGERLIN: Ganz ruhig. Ich will nur zusehen, wie es hell wird, ich habe noch nie gesehen, wie die Sonne aufgeht.
GROVE: Dann bleiben Sie hier sitzen.
MEGERLIN: Ja. Danke. Haben Sie vielleicht eine Decke?
GROVE: Was??
MEGERLIN: Ich würde gern eine Decke um die Schultern legen. Es ist kühl.

GROVE: Ich schicke Ihnen eine Decke.

(Schritte)

(Im Gehen) Vor zehn Minuten wollte er sich aufhängen und jetzt fürchtet er, sich zu erkälten.

BENGTSEN *(lacht leise)*.

GROVE: Warum lachen Sie?

BENGTSEN: Dieser Mann wollte sich das Leben nehmen. Und jetzt ist er der Einzige von den sieben, der nicht tot ist.

GROVE: Ja? Meinen Sie, dass die andern –

BENGTSEN: Halb drei. Jetzt dürften dort schon ein paar Meter Wasser sein. Stehen können die nicht mehr auf der Sandbank.

GROVE: Auch ein elendes Ende. Zuerst steht man bis an die Knie im Wasser, und die Brandung schlägt einem an die Brust, nirgends ein Ausweg, keiner hört einen schreien. Und das Wasser steigt immer höher.

BENGTSEN: Da kommt der Krucha.

KRUCHA: Herr Kapitän.

GROVE: Sie haben doch die Leute weggebracht, Krucha?

KRUCHA: Jawohl, Herr Kapitän.

GROVE: Warum haben Sie nicht aufgepasst?

KRUCHA: Wieso hab ich nicht aufgepasst?

GROVE: Haben Sie die Leute gezählt?

KRUCHA: Ja.

GROVE: Genau gezählt?

KRUCHA: Es war dunkel, Herr Kapitän. Aber wie viel es waren, konnte ich schon erkennen.

GROVE: Wie viele waren es?

KRUCHA: Sieben Mann natürlich, Herr Kapitän. Das heißt, sechs Mann und eine Frau.

BENGTSEN: Dann haben Sie eben doch nicht genau gezählt.

KRUCHA: Und beim Aussteigen wieder. Es kommt mir vor, es müssen sieben gewesen sein. Sonst weiß ich nichts. Meiner Ansicht nach sind es alle sieben gewesen.

GROVE: Es ist gut, Krucha, Sie können gehen.

BENGTSEN: Merkwürdig.
GROVE: Ja. Da stimmt doch etwas nicht. Sie finden das auch merkwürdig, Bengtsen.
BENGTSEN: Ja, ich kann es mir nicht recht erklären.
GROVE: Ich kann es mir ganz gut erklären.
BENGTSEN: Ja, wie denn, Kapitän?
GROVE: Es sind gar nicht sieben gewesen, sondern acht.
BENGTSEN: Wieso? Ich habe doch selber sieben Mann an Bord kommen sehen. Ich habe ihnen das Geld abgenommen. Ich habe ... ach so ... Sie denken ...
GROVE: Ich denke, dass Sie mir zwar das Geld von sieben Leuten gebracht haben, aber dass Sie vielleicht vergessen haben, das Geld für den Achten abzugeben.
BENGTSEN: Es ist kein Achter dabei gewesen.
GROVE: Der ist auf Ihre Rechnung gefahren.
BENGTSEN: Herr Kapitän –
GROVE: Sie wissen, dass ich dieses Gesindel nicht ansehe und nicht zähle. Sie wissen, dass ich es nicht bemerken würde, wenn einer mehr dabei wäre ...
BENGTSEN: Das hätte ich natürlich tun können. Aber ich habe es nicht getan.
GROVE: Aber sieben Leute, die aussteigen, und einer, der an Bord bleibt, – das sind im ganzen acht.
BENGTSEN: Wir können ja den komischen Kerl da fragen. Der muss es ja wissen.
GROVE: Natürlich, kommen Sie ...
MEGERLIN *(pfeift vor sich hin. Schritte, hört auf zu pfeifen)*: Bitte, erlauben Sie mir, noch etwas hierzubleiben.
GROVE: Sie dürfen bleiben, bis es hell wird, sagte ich schon.
MEGERLIN: Bis die Sonne kommt?
GROVE: Meinetwegen. Aber Sie müssen uns vorher was erklären.
MEGERLIN: Es war furchtbar da unten, es war schlimmer als die Hölle, Herr Kapitän. Ich wollte einfach nicht mehr weiter. Aber jetzt, – hören Sie, Herr Kapitän, – jetzt ist es mir auf einmal ganz anders zumute. Wäre es wohl möglich, dass Sie mich im Hafen irgendwie an Land schmuggeln?

GROVE: Was soll ich denn sonst mit Ihnen anfangen?
MEGERLIN: Ich danke Ihnen.
GROVE: Sagen Sie mal, wie viele Leute waren unten mit Ihnen zusammen?
MEGERLIN: Ich weiß es nicht. Stellen Sie sich das vor. Ich weiß es nicht. Ich müsste scharf nachdenken ... Aber ersparen Sie es mir bitte.
GROVE: Dann denken Sie gefälligst nach. Wie viele waren Sie?
MEGERLIN: Sehr ungern.
GROVE: Nun?
MEGERLIN: Im Ganzen sieben.
BENGTSEN: Natürlich waren es sieben, Herr Kapitän.
GROVE: Hören Sie mal, – es sind sieben Leute von Bord gegangen.
MEGERLIN: Ach so. Wissen Sie das nicht? Einer gehörte gar nicht eigentlich zu uns.
GROVE: Was heißt das?
MEGERLIN: Als ich sagte, dass ich nicht mehr mitmache, da sagte das Mädchen, ob ich das im Ernst meine, und ich sagte, natürlich, vollster Ernst. Und dann sagte sie, dass dann an meiner Stelle ein anderer das Schiff verlassen würde ...
GROVE: Wer?
MEGERLIN: Das sagte sie nicht. Aber sie hätten es besprochen. Noch als wir diese steilen, eisernen Treppen hinaufgingen, und ich ging als Letzter, das Mädchen vor mir, – da kam jemand und sagte, jetzt kehren Sie um, wenn Sie wollen. Und ich kehrte um und ging zurück. Und der andere ging als Letzter statt meiner die eiserne Treppe hinauf. Ich dachte damals wirklich, es hat keinen Sinn, ich gehe keinen Schritt mehr, mag mit mir geschehen, was geschehen will. Egal was. Das war unten. Ich ging wieder nach unten. Aber hier ist die Luft so herrlich ...
GROVE: Seien Sie still. – Das kann doch nicht sein ... Hören Sie, Bengtsen, das kann doch nicht –

(Wieder leise – aber deutlich – das Hämmern)

Er ist doch noch an Bord, hören Sie ...

BENGTSEN: Wer?
GROVE: Mein Sohn.
BENGTSEN: Natürlich ist er an Bord. Vorn im Ankerhaus. Soll ich ihn rufen?
GROVE: Ich gehe selbst.

(Schritte, die sich rasch entfernen)

MEGERLIN: Herrlich ... herrlich ... Ich glaube, das war so ein Augenblick, wo sich plötzlich das ganze Leben verändert. Das war, als ich hier saß und auf einmal bemerkte, dass ich mitten in einer riesigen Nacht dasaß, mit dem Ozean ringsherum, ebenso riesig wie die Nacht, der lebte und bewegte sich schwach im Dunkeln, und ein ganz zarter Wind fasste mich, – und – sehen Sie – da auf einmal hatte ich das Gefühl, ganz frei zu sein, und alles, was geschehen war, ist ganz unwichtig, – nur die Welt, die ungeheure Welt liegt da und atmet mich an. Ich bin nur ein kleiner Angestellter, und ein unehrlicher dazu ...

(Ausblenden. Akustikwechsel. Das Hämmern und die Schritte. Das Hämmern kommt näher. Es wird immer lauter)

GROVE: Axel ... Axel ...

(Eine Tür fliegt auf. Und das laute Hämmern)

Axel! Axel!

(Hämmern hört auf)

ALTER MATROSE: Ich bin nicht Axel ...
GROVE: Was machen Sie hier? Wo ist mein Sohn?
MATROSE: Ich arbeite hier, ich klopfe den Rost von der Kette.
GROVE: Aber mein Sohn ... Vorhin war es doch mein Sohn?
MATROSE: Nein, Herr Kapitän. Ihr Sohn hat mich gebeten, an seiner Stelle – warum denn nicht, Herr Kapitän? Das ist doch nichts Verbotenes? Er gab mir ein Pfund Tabak, und ...
GROVE: Dann ist mein Sohn überhaupt nicht hier vorn gewesen? Das war gar nicht er –?

MATROSE: Nein, Herr Kapitän, ich arbeite hier seit zehn Uhr ...

(Stampfende Schritte. Türen. Es hallt in den Gängen)

GROVE *(ruft)*: Axel! – Axel! – Axel! – –
(sagt) Das kann doch nicht sein, das ist doch unmöglich, das – Axel – – Axel. Wo steckst du, Axel, Axel!

(Verhallt. Akustikwechsel, Maschinentelegraf – laut)

BENGTSEN: Was tun Sie denn, Kapitän?
GROVE: Zurück. Sofort zurück!
BENGTSEN: Aber das hat doch keinen Sinn. Wo vorhin die Sandbank war –
GROVE: In zwei Stunden sind wir da.
BENGTSEN: Da ist ja eben die Flut schon herüber. Da ist keine Sandbank mehr, da ist eine leere Stelle, mit drei Metern Wassertiefe.
GROVE: Schweigen Sie! Wir gehen zurück! Wir suchen das Meer ab, meinetwegen den ganzen Tag lang.
BENGTSEN: Das ist doch reiner Unsinn, Kapitän. Jede Stunde, jede Reiseminute kostet –
GROVE: Das ist mir gleich.
BENGTSEN: Was würde die Gesellschaft dazu sagen?
GROVE: Ist mir gleich.
BENGTSEN: Aber die Leute ... von denen lebt doch keiner mehr!
GROVE: Schweigen Sie! Vielleicht ist das eben der Augenblick, wo er den Boden unter den Füßen verliert. Vielleicht kann er sich noch so lange halten ...
BENGTSEN: Niemand kann sich so lange halten.
GROVE: Vielleicht ... Vielleicht ... Wenn wir es mit äußerster Kraft versuchen ...
BENGTSEN: Es ist doch ganz zwecklos ...
GROVE: Man kann doch nicht einfach dabeistehen und zusehen ...

(Geräusch der Schiffsmaschinen)

MEGERLIN: Jetzt hat das Schiff gewendet. Fahren wir wieder zurück auf das offene Meer? Wie herrlich ... Das dunkle Meer ... das dunkle Schiff ... der dunkle Himmel ... Aber es wird immer heller, immer heller. Jetzt wird sie bald erscheinen, die Sonne, – kaum zu glauben, dass in diese Dunkelheit und diese Stille der Tag einbrechen wird. Wie ich mich darauf freue. Als wäre ich von Neuem zur Welt gekommen, eine ganz andere, herrliche, riesige Welt ...

Anhang

1. „‚Esperanza' heißt Hoffnung" – Das Hörspiel und sein Autor

„Das Schiff Esperanza", erstmals im März 1953 gesendet, wurde zu einem erfolgreichen Hörspiel in Deutschland und gilt – u. a. mit Übersetzungen in Japan und einigen afrikanischen Staaten – als eines der bekanntesten deutschen Hörspiele im Ausland.
Das Hörspiel ist in 25 Szenen unterteilt, wobei die Übergänge von einer Szene zur nächsten durch einen akustischen Wechsel markiert werden. Jede Szene wird durch ein typisches Geräusch charakterisiert, das außerdem noch auf die innere Handlung verweisen kann; so etwa am Ende, wenn die hallenden Hammerschläge das panische Herzklopfen des alten Grove zum Ausdruck bringen. – Im Stil eines Kriminalhörspiels baut der Autor schon in den ersten Szenen Vorausdeutungen ein, die dem Hörer und Leser als Spannungsanreiz dienen, bevor das Verbrechen dann schrittweise aufgedeckt wird. Dazu wird die Handlung chronologisch geführt, an Vergangenes wird nur im Gespräch erinnert und der Autor verzichtet auf Rück- und Vorausblenden. Die Einheit des Ortes bleibt (mit Ausnahme der beiden ersten Hafenszenen) dadurch gewahrt, dass die Blende dann nur noch innerhalb des Schiffes wechselt. Die auf wenige Tage zusammengedrängte Handlung unterstreicht zusätzlich die Dramatik des Geschehens.
„Esperanza" heißt Hoffnung, aber auch nach dem Zweiten Weltkrieg prägen Menschenverachtung und Menschenvernichtung das Verhalten des ehemaligen Marineoffiziers Grove: Menschen bedeuten ihm ebenso wenig wie das Unkraut am Strand, und indem so der Krieg für ihn weitergeht, vernichtet er letztlich nicht nur das Leben der Auswanderer, sondern auch das des eigenen Sohnes. Das unerwartete Wiedersehen mit seinem Sohn Axel hat Grove zuvor noch einmal verdeutlicht, was aus ihm geworden

ist, und weckt in ihm die Sehnsucht nach einem unschuldigen, sauberen Leben, wie er es in seinem Sohn verkörpert sieht. – Dann aber erreicht die Tragik der Handlung mit dem Fluchtplan Axels ihren Höhepunkt: Die scheinbar rettende Idee, das Schiff mit den illegalen Auswanderern zu verlassen, führt in den eigenen Untergang, sodass am Ende des Hörspiels die Fragen nach dem Warum und Wozu des Schicksals, nach Schuld und Verantwortung und nach einer sinnvollen, selbstbestimmten Existenz des Menschen unbeantwortet bleiben.
Der Autor von „Das Schiff Esperanza", Fred von Hoerschelmann, wurde am 16.11.1901 in Hapsal (Estland) geboren. Er studierte in Dorpat und München Kunst- und Literaturgeschichte, Theaterwissenschaften und Philosophie und lebte von 1927 bis 1936 als freier Schriftsteller in Berlin. Dann emigrierte er nach Estland, floh 1939 nach Polen und war von 1942 bis 1945 Soldat. Nach dem Krieg ließ er sich in Tübingen nieder, wo er abseits vom literarischen Betrieb und zurückgezogen von der Öffentlichkeit lebte. Fred von Hoerschelmann starb am 02.06.1976 in Tübingen.

**Gottfried Just:
Zeitgenosse mit Tarnkappe**

Fred von Hoerschelmann 65

An der Literatur-Börse sucht man Fred von Hoerschelmann vergebens. Er, der heute seinen 65. Geburtstag feiert, hatte nie einen Platz reserviert, wo die Repräsentanten ihre Offizialitäten abhielten, sondern ist zeitlebens eine Randfigur geblieben, übrigens nie willens, sich als Außenseiter aufzuspielen. Immerhin ein Grund, seiner kurz zu gedenken.
Als Sohn eines adligen Arztes in Estland geboren, ging Hoerschelmann früh nach Berlin. Dort und in Dorpat widmete er sich philosophischen sowie kunstgeschichtlichen Studien, erkenntnisinteressiert, doch wenig geneigt, diesen Drang zu einem bürgerlichen Beruf zu veräußerlichen. Unambitioniert und rampenscheu hoffte Hoerschelmann, von seinem Erbe leben zu können. Durch die Fährnisse der Epoche wurde er zu einem Erben ohne Erbteil. Es verschlug ihn

schließlich nach Tübingen, dessen idyllische Zeitferne ihm die rechte Kulisse für eine ungestörte, provisorische Existenz zu sein schien. Dass Hoerschelmann, wenn er nicht auf Reisen geht, wie ein Untermieter in seiner giebeligen Dachwohnung lebt, verrät auch in dieser Hinsicht das Fehlen jeglichen Ehrgeizes: Ein Dasein ohne Verpflichtung, voll freundlicher Weltverachtung, wie sie sich in dem von Rittmeisterträumen umwehten baltischen Idiom spiegelt, wenn es Hoerschelmann spricht.

Seine ersten schriftstellerischen Versuche fanden gleich den Weg in die besten Gazetten, wurden gedruckt in der *Vossischen Zeitung*, im *Berliner Tageblatt* und im *Simplicissimus*. 1928 ging, mit Heinrich George und Lothar Müthel als Sprechern, Hoerschelmanns erstes Hörspiel „Flucht vor der Freiheit" über sämtliche deutschsprachigen Sender und wies den Verfasser als Pionier einer neuen Kunstgattung aus, deren Entwicklung damals begann. Drei während des Krieges entstandene Schauspiele, „Das rote Wams", „Die zehnte Sinfonie" und „Wendische Nacht", in Stuttgart, am Berliner Schillertheater und am Hamburger Schauspielhaus mit Paul Wegener uraufgeführt, haben Hoerschelmann als Dramatiker nicht recht etablieren können. Er blieb Funk-Autor und besitzt heute den leisen Ruhm eines Klassikers, der in die Geschichte des sogenannten realistischen Problemhörspiels einging. „Das Schiff Esperanza" ist dafür das bekannteste Beispiel.

Hoerschelmann schätzt am meisten seine erzählenden Texte, gesammelt in dem Band „Die Stadt Tondi" (List-Taschenbuch „Sieben Tage, sieben Nächte"). Takt, poetische Bescheidenheit, die als konservatives Rangbewusstsein aus diesen Texten spricht, und raffinierte, jeder suggestiven Stimmungsmache abholde Solidarität scheinen Hoerschelmann in erzähltechnischer Hinsicht in die Nähe der Ära Balzac zu rücken. Hoerschelmann selbst verweist, um den eigenen Konservativismus zu erklären, auf seine Herkunft, auf Estland, dessen er mit höhnischer Wehmut gedenkt. In Wahrheit sind Strindberg, Tschechow und Joseph Conrad seine geistigen Väter. Oder auch Ernest Hemingway.

Es gibt Schriftsteller, deren Existenz an Großartigkeit die Bedeutung der einzelnen Werke übertrifft. Zu diesen „Reservisten", die sich nie ganz auszusprechen vermögen, gehört Fred von Hoerschelmann. Oscar Wilde, mit dem der baltische Baron beileibe nichts zu tun hat, drückte dies so aus, dass die eigene Dichtung nichts sei gegen die Kunst, mit der er sein Leben zu leben verstehe.

In: Süddeutsche Zeitung vom 16.11.1966

Fred von Hoerschelmann
(1901–1976)

Marcel Reich-Ranicki:
Ein Pionier des Hörspiels

Fred von Hoerschelmann gestorben

Der jungen Generation sagt der Name Fred von Hoerschelmann nicht viel. Er, der am 2. Juni im Alter von 74 Jahren in Tübingen gestorben ist, hatte seinen Ruhm überlebt. Eine skurrile Randfigur war er freilich schon immer, auch in jenen Fünfzigerjahren, in denen er als Meister seines Fachs häufig gelobt wurde.
Hoerschelmann stammte aus Estland, Mitte der Zwanzigerjahre kam er nach Berlin, er schrieb Schauspiele und Komödien, die mit großen Schauspielern uraufgeführt wurden und an die sich heute niemand mehr erinnert; er schrieb später Novellen, die er in dem Band „Die Stadt Tondi" (1950) zusammengefasst hat und die ebenfalls, doch ganz zu Unrecht, vergessen sind. Man glaubte, in diesen Novellen den Einfluss sowohl russischer (etwa Tschechow) als auch angelsächsischer Schriftsteller (wie etwa Conrad oder Hemingway) zu erkennen. Sicher ist, dass Hoerschelmann ein urwüchsiger und zugleich auffallend disziplinierter Erzähler war, ein solider und exakter Fabulierer. Seine realistischen Geschichten sind poetisch und im besten Sinne trocken zugleich, überaus sachlich und stets auch hintergründig.

Seinen Ruhm verdankte Hoerschelmann einer Anzahl von Arbeiten, die, ob nun vergessen oder nicht, literarhistorische Bedeutung haben. Er war ein Pionier des deutschen Hörspiels. Sein erstes Hörspiel „Die Flucht vor der Freiheit" (1929) gehört schon zu seinen originellsten. Nach 1945, in der Blütezeit des deutschen Hörspiels, belieferte er unsere Sender mit vielen Arbeiten von sehr unterschiedlichem Wert. Neben nur ordentlichen Hörspielen (zum Teil sind es Bearbeitungen von Romanen anderer Autoren) muss man aber zwei außergewöhnliche Funkdichtungen nennen.

In der „Verschlossenen Tür" (1952) behandelte er das Schicksal eines im Dritten Reich verfolgten Juden, der sich freiwillig opfert, um seinen Beschützer, einen baltischen Baron, nicht zu gefährden. Noch erfolgreicher war das in viele Sprachen übersetzte Hörspiel „Das Schiff Esperanza" (1953), in dem illegale Auswanderer von einem zynischen Menschenschmuggler betrogen werden.

Hoerschelmann war als Hörspiel-Autor vor allem ein Meister des Handwerks. Er wusste funkakustische Mittel wie kaum einer vor ihm zu verwenden. Aber er war auch – und hier wäre der ehrenvolle Vergleich mit Günter Eich keineswegs abwegig – ein nachdenklicher Funkpoet: Er zeigte die Menschen als Opfer einer bedrohlichen und nicht durchschaubaren Macht, er zeigte das Individuum, das scheitert, weil es seine Umwelt nicht zu begreifen vermag. In der Geschichte des deutschen Hörspiels wird sein Name bleiben.

In: Frankfurter Allgemeine Zeitung vom 4.6.1976

2. „Wie ein Film im Kopf" – Merkmale des Hörspiels

Das Hörspiel entstand mit der Einführung des Rundfunks (in Deutschland 1923), das vermutlich erste Hörspiel weltweit wurde am 06.10.1923 in Glasgow gesendet. Durch den Wegfall alles Optischen ist das Hörspiel ausschließlich auf akustische Gestaltungsmittel angewiesen und auf Hilfsmittel wie Blenden, mit denen Orts- und Zeitwechsel realisiert werden. Technische Kunstgriffe ermöglichen darüber hinaus auch die Darstellung von Irrealem, wie Träume, innere Stimmen und Fantasiewelten, und tragen so zum Aufbau einer „inneren Bühne" beim Hörer bei.

Heinrich Pleticha: Hörspiel

An einem Abend des Jahres 1938 brach in einigen Städten der amerikanischen Ostküste Panik aus. Tausende verließen fluchtartig ihre Wohnungen, versuchten, mit Autos, mit der Untergrundbahn oder zu Fuß die Städte zu verlassen, es gab verstopfte Straßen, es kam zu Unfällen. Die Polizei war machtlos. Dies alles war die Folge – eines Hörspiels. Eine Rundfunkstation hatte ein Stück von Orson Welles (1915-1985) gesendet mit dem Titel *Krieg der Welten*. Es beschrieb den Angriff von Marsmenschen. Das Hörspiel war in den üblichen Sendeablauf eingebaut – so wurden die ersten Meldungen von der Invasion in den richtigen Nachrichten gebracht – und deshalb so realis-tisch, dass viele Hörer an einen wirklichen Angriff glauben mussten. Wenn dies auch ein Ausnahmefall war, so zeigt es doch, welche Wirkung diese damals verhältnismäßig neue Literaturgattung besaß. Zwar wollten die Sender gleich zu Beginn der Rundfunkzeit den Hörern dramatische Werke bieten. Es stellt sich aber bald heraus, dass Bühnenstücke sich nur sehr bedingt für Rundfunksendungen eigneten. Sie waren ja für Zuschauer, vielleicht auch noch für Leser geschrieben, die durch Regieanweisungen, das Bühnenbild, Gestik, Mimik usw. wichtige Informationen zum Verständnis des Stückes erhielten, die im Rundfunk nicht unterzubringen waren. Deshalb entstanden bald Hörspiele im eigentlichen Sinne, d.h. in sich abgeschlossene Werke, in denen alles durch Worte – oder durch Geräusche – ausgesagt wurde, die das Sehen also überflüssig machten. Dieser Verzicht hatte sogar Vorteile, weil das gesprochene Wort so viel nachdrücklicher wirkte und eine größere Bedeutung bekam. Außerdem halfen schon in der Anfangszeit technische Möglichkeiten, z. B. die Stimme zu verändern; man konnte auch durch Geräusche eine bestimmte Atmosphäre hervorrufen, was auf der Bühne so nicht möglich war. Natürlich waren nicht alle Hörspiele großartige Kunstwerke. Es wurde aber viel experimentiert, und bedeutende Autoren der damaligen Zeit, z. B. Brecht und Alfred Döblin, beschäftigten sich auch theoretisch mit dem Hörspiel. In Deutschland wuchs in den Jahren nach dem Zweiten Weltkrieg die Vorliebe für das Hörspiel noch, da es für viele Menschen die einzige Art von Unterhaltung war – Bücher und Filme konnten in diesen Jahren nicht so einfach und billig hergestellt werden. Die Sender gingen auf die Vorliebe ihrer Hörer ein, und bald entwickelten sich bestimmte Hörspielgattungen, z. B. das Kriminalhörspiel, die ihren festen Platz im Sendeplan bekamen. Einen Rückschlag erlebte das Hörspiel durch das aufkommende Fernsehen – spannende Geschichten lassen sich auch mit Bildern erzählen. Dafür entwickelte das Hörspiel anspruchsvollere Formen, wie z. B. die Spiele von Günter Eich, Ilse Aichinger oder Max Frisch zeigen. Bevor das Hörspiel aber zu einer Sache weniger Spezialisten werden konnte – diese Gefahr bestand –, kam ihm die technische Entwicklung zu Hilfe. So wurden die Tonbandgeräte in ganz kurzer Zeit wesentlich verbessert. Man konnte nun Aufnahmen im Multiplay-Verfahren machen, d.h. auf ein schon bespieltes Band etwas aufnehmen, ohne die erste Aufnahme dabei zu löschen, und das gleich mehrmals. Die leichte Handhabung der Bänder erlaubte Montagen, Schnitte, das Einsetzen oder Herausnehmen von Pausen, wodurch sich der Charakter einer Aufnahme völlig verändern ließ. Auch die Mischpulte wurden besser und einfacher; mit ihrer Hilfe konnte man leicht Stimmen oder Geräusche einblenden, hervorheben, ausblenden, übereinanderlegen. Auch die

Mikrofone wurden leistungsfähiger und zusammen mit
Halleinrichtungen waren ganz neue Effekte zu erzielen. Besonders
wichtig war die Einführung der Stereo-Technik
auch bei Rundfunksendungen, denn nun konnte man den
Stimmen nicht nur einen bestimmten Klang verleihen, sondern
ihnen auch noch einen eigenen Raum zuweisen. Das
vorläufige Ende dieser Entwicklung ist die Kunstkopfstereofonie,
die das räumliche Hören, also auch von oben,
unten, schräg vorn usw. fast perfekt nachahmt. Zu fragen
ist, ob nicht bei all diesen Möglichkeiten die technischen
Spielereien im Vordergrund stehen. Aber die Freude am
Experimentieren und auch an Spielereien ist nötig, um
Neues zu entwickeln. Wichtiger aber ist, dass mithilfe der
Technik eine Unmittelbarkeit und Eindringlichkeit, auch
Klarheit erreicht werden kann, die früher unvorstellbar
war. Durch den Stereo-Ton, durch moderne Mikrofone,
durch Hall lassen sich z. B. sehr leicht, für den Hörer sofort
verständlich, mehrere Zeitebenen darstellen, die einander
überlagern. Auch innerer Monolog, verschiedene
Bewusstseinsstufen, z. B. Traum und Wirklichkeit, Erinnerung
und Gegenwart, sind durch akustische Mittel für den
Hörer leichter erkennbar und unterscheidbar, als dies im
Film möglich wäre. Natürlich kann und will das Hörspiel
das Fernsehen oder den Film nicht ersetzen. Es ist eine
andere Aussageform, die ihre eigenen Gesetze hat. Deshalb
wird das Hörspiel wohl seine Faszination behalten,
weil es trotz aller technischer Genauigkeit der Fantasie
des Hörers mehr Freiheit lässt als viele andere Medien.

Aus: dtv junior Literatur-Lexikon. Hrsg. von Heinrich Pleticha. Berlin und München: Cornelsen Verlag und Deutscher Taschenbuch Verlag, 1986, S. 42 – 43

Merkmale des Hörspiels – eine Übersicht

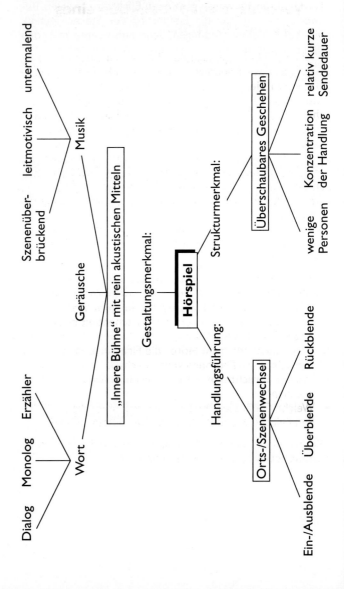

3. „Wer schweigt, ist nicht da" – Vorschläge zur Produktion eines eigenen Hörspiels

Sobald sich die Frage nach der Produktion eines Hörspieltextes stellt, wird deutlich, dass fast alles bildhaft Anschauliche durch die Stimmen zum Ausdruck gebracht werden muss. Unterschiedliche Stimmen, sie müssen gut zu unterscheiden sein (!), präsentieren die Gedanken und Gefühle der einzelnen Figuren. Nur durch die Ausdruckskraft der Sprecherinnen und Sprecher werden Aussehen und Charakter der handelnden Personen „sichtbar". Die Übersicht zum „Sprechausdruck" zeigt, wie vielfältig die Möglichkeiten sind, die Ausdruckswirkung der Stimme zu steigern. – Die Grafik zur „Produktion einer Szene" verweist auf die Aufgaben, die vor der Aufnahme eines Hörspieltextes zu verteilen sind. – Soll ein Prosatext für die Hörspielproduktion aufbereitet werden, sollten vorab folgende Fragen geklärt werden:

- In wie viele Szenen müssen wir den Text einteilen?
- Wie trennen wir die Teile hörbar voneinander ab?
- Wie führen wir den Hörer in die Situation ein?
- Welche Stellen senden wir als Zwischentext mit einem Sprecher?
- Wie können wir dem Hörer die Eigenarten der verschiedenen Personen verdeutlichen?
- Welche Sprechtexte müssen wir noch zusätzlich erfinden?
- Welche Geräusche brauchen wir, wenn wir den Raumeindruck und Bewegungen vermitteln wollen?

Die Ergebnisse können dann, ähnlich wie beim Film, in einem Textbuch zusammengefasst werden:

Szene	Sprecher(innen)	Text	Geräusche/ Musik	Blenden

Zum Schluss dieses Kapitels gibt es aus der „Geräuschewerkstatt" noch Tipps für die Untermalung der selbst produzierten Hörspielszenen (vgl. S. 65ff.). Die nachgemachten Geräusche klingen, etwas Zeit und Lust zum Ausprobieren vorausgesetzt, oft täuschend echt!

Sprechausdruck

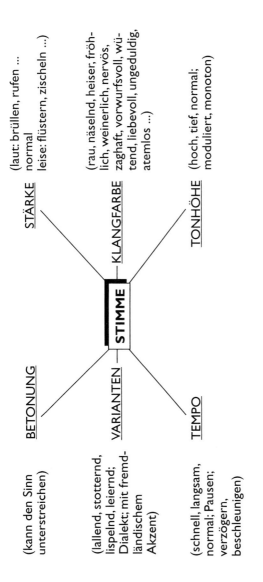

Produktion einer Szene

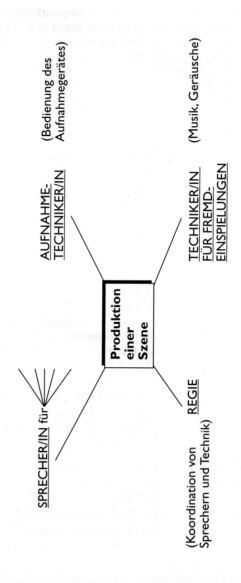

Geräuschewerkstatt

Geräusche mit den verschiedensten Gegenständen zu erzeugen, macht Spaß. Viele Geräusche lassen sich mit einfachen Mitteln täuschend echt nachahmen. Im Folgenden sind Beispiele angeführt, die sich mit ein wenig Fantasie und Experimentierfreude variieren und ergänzen lassen. Wichtig ist, dass man so lange ausprobiert, bis das Geräusch stimmt. Um das Geräusch besser auf sich wirken zu lassen, kann man die Augen schließen und sich ein Bild dazu vorstellen:

Autotür	• Einen Hartschalenkoffer fest zuschlagen
Dampfsirene	• In eine mit Wasser gefüllte Flasche hineinblasen. Dabei kann die Tonhöhe durch die Höhe des Wasserstandes variiert werden.
Explosion	• Mit einer Nadel in einen gut aufgeblasenen Luftballon stechen und ihn so zum Platzen bringen • Fest ins Mikro pusten
Feuer	• Dicht vor dem Mikrofon Zellofanpapier zerknüllen (kleines Feuer) • Ein Handtuch vorm Mikrofon fest schütteln; währenddessen zerbricht der Partner kleine Holzstöckchen (z. B. Zahnstocher, kleine Zweige). • Langsam Zellofanpapier oder (z. B. für ein kleines Kaminfeuer) eine leere Streichholzschachtel zerdrücken
Flugzeugmotor	• Einen Fön vors Mikrofon halten und Pappe zwischen Fön und Mikrofon bewegen
Gewitter	• Ein Stück Blech oder einen großen Karton schütteln („Theaterdonner")

Geldmünzengeklirr	• Einzelne Münzen in eine bereits mit Münzen halb gefüllte Dose fallen lassen • Mit Münzen gefüllte Blechdose schütteln
Pferdegetrappel	• Halbe Kokosnussschalen zusammenschlagen • Mit zwei Emaillebechern rhythmisch auf den Boden schlagen; Öffnung zeigt dabei nach unten
Pistole	• Nah beim Mikrofon mit einem Lineal auf den Tisch schlagen
Regen	• Eine volle Bonbontüte kneten • Mit Zellofan knistern • Getreide- oder Maiskörner in eine Schachtel oder auf ein Tambourin prasseln lassen • Getrocknete Erbsen auf einem Sieb herumrollen lassen • Regenstab
Schlossportal	• Mit einem spitzen Metallgegenstand (gut eignen sich Gabeln) auf einer möglichst alten, gusseisernen Pfanne herumkratzen
Schritte	• im Wald: alte zerknüllte Ton- oder Kassettenbänder rhythmisch zusammendrücken • im Schnee: Säckchen mit Kartoffelmehl kneten • im Sand oder Kies: Zellofanpapier nehmen
Telefonstimme	• In ein kleines Gefäß hineinsprechen
Türknarren	• Eingerostete Scharniere bewegen • Korkenzieher aus Holz drehen
Vogelgezwitscher	• Mit einem nassen Korken auf einer Glasflasche herumreiben

Vollbremsung	• Kräftig mit einem Radiergummi auf Glas herumreiben
• Mit einem Turnschuh auf dem Fußboden „bremsen" – am besten eignet sich Holzfußboden
Wind	• Mit den Händen einen Trichter vorm Mund bilden und mit unterschiedlicher Stärke und Mundstellung in den „Handtrichter" hineinblasen
• Eine Bürste über Stoff oder Karton reiben
• Ein Stück Seide über eine weiche Holzplatte ziehen; die Windstärke wird durch unterschiedlich schnelles Ziehen variiert